暗記が苦手な人の

3ステップ記憶勉強術

宇都出雅巳
Masami Utsude

実務教育出版

なかなか覚えられないのは

「記憶力が悪いから」

だと思っていませんか？

しかし、

「記憶力の悪い人」

なんて、どこにもいません

これまで覚えられなかったのは

「記憶の使い方」

を知らなかっただけなんです

「記憶を使って」勉強していますか？

「え？　記憶を使って、ですか？　そもそも記憶できないから悩んでいるんですよ」

「とにかく丸暗記しろ！という乱暴な勉強法ですか？」

「記憶を使う」と聞いて、そんな反応が返ってくるかもしれません。あなたはどうですか？

　確かに、「記憶」自体が大変だと思っている人が多いでしょう。試験勉強では「丸暗記」なんていう言葉がよく使われますが、とにかく力技で頭に入れ込む、押し込むというイメージが思い浮かびますからね。

　しかし、「記憶を使う」というのは、とにかく「丸暗記しろ！」とか「覚えろ！」といった話ではありません。むしろ、私は「覚えようとしない」ことをおススメしています。がんばって覚えようとしても、報われない努力に終わることが多いからです。

　では、どういうことなのか？

　それはあなたがすでに持っている記憶、がんばらないでも覚えている記憶を活用するということなのです。あなたがすでにいま勉強している、もしくは勉強しようとしている試験科目について思い出してみてください。何かしら覚えていることがあるでしょう。その記憶を使って、具体的には、問いに変えて、まだ覚えていないことへの興味を高めて勉強していけばいいのです。

そして、あなたは気づいていないかもしれませんが、問題集やテキストをざっくりとでも読んだだけで、覚えていることはあるのです。でも、多くの人が捨ててしまっているのです。

本書でご紹介する3ステップ記憶勉強術は、あなたが持っている記憶をフルに活用して、ラクに楽しくいつでもどこでも勉強できる方法です。

また、古代ギリシアの昔から連綿と伝わる記憶術も活用し、最も効果的に記憶術を試験勉強に活かすポイントもお伝えします。

『なるほど！　合格勉強術』の理論・実践編

本書は、２０１３年10月に出版した『なるほど！　合格勉強術』の続編になります。

『なるほど！　合格勉強術』は「合格する勉強」から外れないように、「合格する勉強」を思い出させてくれる50の言葉を選び出し、それぞれ４ページ単位でまとめた本です。

これは読者のすぐそばにいて応援してくれるコーチのように、どこからでもすぐに読めるスタイルにこだわった本でした。ただ、そのために体系的ではない、実際の過去問やテキストの実例が少ないというデメリットがありました。

本書は、そのデメリットをカバーする理論編＆実践編です。

『なるほど！　合格勉強術』でも強調した「合格する勉強」のポイント、「思い出す」「問いに変える」「ざっくり読む」を「３ステップ記憶勉強術」という形で初めて体系化し、解説した本となります。

また、実際の過去問やテキストで読むポイント、書き込むポイントを具体的に示したほか、個別指導での会話を再現し、細かいニュアンスもカバーするようにしました。

さらに実践しやすいように、読者プレゼントとして、本書で取り上げている過去問やテキストを使った実演解説の動画もご提供しています。詳しくは巻末をご覧ください。

そして、『なるほど！　合格勉強術』における該当部分を左ページのように紹介しています。『なるほど！　合格勉強術』をお持ちの方は、必要に応じて参照していただく

『なるほど！　合格勉強術』の該当部分を明示！

解説

「ざっくり読む」

「3ステップ記憶勉強術」の3ステップは、「ざっくり読む」。ただ「読む」ではなく、「ざっくり」というのがポイントです。夏子さんとの会話で説明しましたが、最初から順番に読んでいくという普通の読み方にこだわらない読み方で、読む気がするところから読んでいく読み方です。

たとえば、会話にあったように、「問いに変える」で生みだした「問い」の答えの部分を読むこともあるでしょうし、とりあえずタイトルや見出しを読むこともあるでしょう。すでにある程度知っていて、読みやすいところを読むかもしれません。

そして、目次は「ざっくり読む」ための格好のツールなのです。

⬇⑯テキスト攻略は目次がカギ　本文よりも目次を読め！

目次を構成しているものは、部や章、さらには節などのタイトル、そして小見出しです。これは、本文で書かれている内容を抽象化し、集約したもので、だんだんと細かく

052

ことで、より理解が深まるでしょう。

なお、『なるほど！ 合格勉強術』をお持ちでない方は、『なるほど！ 合格勉強術』の50の言葉を16～17ページに一覧にして掲載してあります。さらに読者プレゼントとして、50のそれぞれの言葉のショート解説音声をご提供していますので、そちらもご活用ください。

３ステップ記憶勉強術はいつでも、どこでも、いますぐ勉強をはじめられる方法であり、実際に勉強をはじめる方法です。Chapter １の基本のしくみを読まれたら、すぐに実践しはじめてください。あなたの実践報告、そしてご質問をブログ「だれでもできる！ 速読勉強術」（http://ameblo.jp/kosoku-tairyokaiten-ho/）でお待ちしています。

暗記が苦手な人の
3ステップ記憶勉強術

もくじ

Chapter 1
3ステップ記憶勉強術
基本のしくみ

Chapter 2
3ステップ記憶勉強術
【基本編】目次の読み方

Chapter 3

【基本編】本文の読み方

3ステップ記憶勉強術

Chapter 4

3ステップ記憶勉強術【基本編】問題タイプ別の読み方

Chapter 5

3ステップ記憶勉強術【基本編】試験直前&まとめ

Chapter 6

3ステップ記憶勉強術

【上級編】目次の覚え方

Chapter 7

3ステップ記憶勉強術

【上級編】本文の覚え方

Chapter 8

3ステップ記憶勉強術 【上級編】1か月後&まとめ

Chapter 9

3ステップ記憶勉強術 【応用編①】英単語

Chapter 10

3ステップ記憶勉強術 【応用編②】数学

Chapter 11

3ステップ記憶勉強術

勉強法、その先へ

装丁／冨澤崇（イーブランチ）

本文デザイン・DTP／新田由起子（ムーブ）

イラスト／門川ようこ（pinocolina）

『なるほど！　合格勉強術』50の言葉

□ 01　やる気は降ってこない　ページをめくればやる気は出る！

□ 02　根性論は危険だ　がんばらないほうがうまくいく！

□ 03　「環境の力」を使おう　「がんばる」より朝のカフェへ行け！

□ 04　悩む時間がもったいない　今すぐほんの１秒でもやる！

□ 05　恥ずかしがらずにやってみよう　目標は紙に書いて貼れ！

□ 06　自信があれば努力できる　この魔法の合格暗示をつぶやけ！

□ 07　計画よりも大事なこと　目的地と現在地を知る！

□ 08　買っただけのテキスト・問題集……　何を勉強するかを決めろ！

□ 09　基本ができれば半分合格したも同然だ　基本を確実にものにしろ！

□ 10　入門書から入るな　わからなくても“本命”から取り組め！

□ 11　完璧主義は身を滅ぼす　満点を狙うな　７割をめざせ！

□ 12　範囲を広げれば質は落ちる　「とりあえず買っておこう」はやめろ！

□ 13　厚い本と薄い本　どっちがめくりやすい？　厚い本はバラせ！

□ 14　合格は目標ではない　試験本番当日のあなたが目標！

□ 15　うんうん考えるのは時間のムダ　過去問は解いてはいけない！

□ 16　テキスト攻略は目次がカギ　本文よりも目次を読め！

□ 17　前からやらなくてもいい　得意だ・興味があるところから始めろ！

□ 18　人はついつい細かいところにはまるもの　常に全体を意識しろ！

□ 19　今すぐわからなくても止まらない　飛ばして進め！

□ 20　焦るな！　最初は範囲を絞っていい　それからだんだん広げろ！

□ 21　試験は記憶のゲーム　考えるのは時間のムダ！

□ 22　そのがんばりが逆効果　わかろうとするな　覚えようとするな！

□ 23　慣れが理解を助ける　「わかる」の前にまず「なじむ」！

□ 24　少しでもいい　まずは「わかる」ところに目を向けろ！

□ 25　「分ける」から「わかる」　分けることに専念しろ！

□ 26 接続詞に注目！　「内容」より「構造」をまずとらえろ

□ 27 ブロッキーを手放すな　読むところを減らして回転を加速せよ！

□ 28 正答率より正答スピード　一瞬で判断できるまで「常識化」しろ！

□ 29 覚えるために「忘れる」ことは必要　忘れたらまた覚えろ！

□ 30 覚えているから楽にくり返せる　熱いうちにくり返せ！

□ 31 今の足場を固めろ　思い出せるところから思い出せ！

□ 32 「くり返し」は脳の本質　「くり返し」を避けるな　受け入れろ！

□ 33 アウトプットが先だ　読む前に口に出せ　読んだら口に出せ

□ 34 太い文字は見やすい　恐れるな　太ペンを使え！

□ 35 記憶術は強力だが要注意　試験直前よりも最初で使え！

□ 36 本は「記憶のための道具」　本を覚えるのではなく本で覚えろ！

□ 37 ３秒あれば勉強できる　いつでもどこでも勉強しろ！

□ 38 次にやることが明確なほど実行できる　何をするか決めておけ！

□ 39 合否を分ける見えない違い　「思い出す」癖を身につけろ！

□ 40 「わかりたい」という思いが原動力　「わからない」を問いに変えろ！

□ 41 テキストはノートだ　ノートは作らずテキストに書き込め！

□ 42 本当の勉強時間は少ない　勉強した気になる段取り時間を減らせ！

□ 43 テキスト・過去問は好きですか？　接触効果で親しくなれ！

□ 44 試験は過去問に始まり過去問に終わる　何はともあれ過去問を見ろ！

□ 45 何がわかって何をわかっていないか　毎日自分と向き合え！

□ 46 わかった「つもり」をなくせ　勇気を持って口に出せ　紙に書け！

□ 47 勉強に魔法はない　一歩ずつでも焦らず前へ進め！

□ 48 100％確実な方法論はない　「勉強法」より「勉強する」こと！

□ 49 成果は急に現れる　積み上げた知識がつながるまで待て！

□ 50 本番に近い時間ほど価値が高い　最後の最後まで走り続けろ！

Chapter

1

３ステップ記憶勉強術

基本のしくみ

「3ステップ記憶勉強術」の「3ステップ」とは？

記憶を活用することでほんのちょっとしたスキマ時間でも、机に向かわなくても勉強できる、3ステップ記憶勉強術。次の3つのステップをつなぎ合わせ、そのサイクルをまわし続けることで可能になります。

3つのステップとは……、**「思い出す」「問いに変える」「ざっくり読む」**の3つです。

まず最初は、**「思い出す」**。

「え？　いきなり思い出すって、何も勉強していないじゃないですか？」と思うかもしれませんが、心配する必要はありません。たとえ、まだ勉強していなくても、試験勉強をしようというのであれば、自分が受けようとしている試験や、受けようとしている大学の名前ぐらいは思い出せますよね。

まずは、そこからでいいんです。もし、「えっ……と」なんていう人がいても、落ち込む必要はないですし、がんばって「思い出す」必要もありません。

あなたがすでに持っている記憶を強力な武器、磁石にして、新たな知識を引き寄せればいいのです。

それが、「問いに変える」です。

もし、万が一、試験名や受験する大学名が思い出せなければ、ただ、それを問いに変えればいいだけです。具体的にいえば、

「自分が受ける試験の名前は？」

「自分が受ける大学は？」

と、問いに変えればいいのです。そして、その「問い」をくり返しましょう。

つまり、すでに記憶している「〇〇」という知識、情報に対して、その詳細な知識がまだ記憶されていない場合、「〇〇って何だろう？」という問いを持つことです。

この問いならいつでもどこでもいますぐ思い出し、くり返せますよね。これもとても大事な勉強になるのです。問いが明確でないまま、問題集やテキストを読んでも、集中力も高まりませんし、入ってくるものも入ってきません。

あなたの記憶を問いに変えてくり返し、問いを記憶とし、それをもって問題集やテキストに取り組むことで簡単にラクに新たな記憶が手に入るのです。

そして、ほんのちょっとでも記憶できれば、それをすかさずくり返し、さらには問い

に変えてくり返していきます。そして、また本を読むと、また新たな記憶がくっついてきて……あとはそのくり返しです。

このように、あなたが持っている記憶を軸に行なう3ステップ記憶勉強術は、無理がありません。

ここまでで気がつかれたかもしれませんが、「思い出す」や「問いに変える」はいつでもどこでもできますよね。まとまった時間がなくても、ほんの数分、数秒でもできるでしょう。手元に問題集やテキストがなくても、机に向かっていなくても、いつでもどこでもできるのです。

最後の3つめのステップは?

そして、3つめのステップは、「ざっくり読む」。これには問題集やテキストが必要ですが、手元にこれらが用意できるまでは、「思い出す」と「問いに変える」をくり返していけばいいのです。くり返すことによって、思い出せることはより強く記憶に残っていきますし、思い出せないことについても問いに変えてくり返すことで、わからないことが何かがより明確になり、「ざっくり読む」ための準備がどんどんできてきます。

そして、問題集やテキストが手元にあって、少しでも開ける状況・環境であれば、すかさず「ざっくり読む」のです。ここまでで「思い出す」「問いに変える」をくり返していれば、非常に集中力が高い状態で読むことができるでしょう。

ただ、「ざっくり読む」です。くれぐれも「ゆっくり」「じっくり」読むというようにならないでください。

ここで「ざっくり読む」ってどんな読み方？と疑問を持つ人もいるでしょう。これはいろいろな読み方を含むため、本書全体を通して少しずつ説明していくのですが、まず覚えておいてもらいたいのは、「読む気がするところを読む」ということです。

逆にいえば、読む気がしないところは読まないことです。

「そんないい加減な読み方でいいの？」という疑問を多くの人が持つと思いますが、実はこれが「いい加減」ではなく「よい加減」な効果的・効率的な読み方なのです。

これも本書を通して、おいおい説明していきますが、その理由の一つが、この「ざっくり読む」というのも記憶を活用した読み方だからです。

「読む気がするところ」というのをちょっと考えてみてください。一つはすでにあなたが知っているところ、そんなにがんばらなくてもわかるところですよね。それは記憶という観点でみると、そこに書かれていることに関する記憶をあなたが持っているということです。「思い出す」ところで簡単に思い出せた場所かもしれません。

そして、「読む気がするところ」というのは、「問いに変えた」ところでもあるでしょう。「○○って何だろう？」と問いをくり返すことで、そこを知りたいという思いも強くなり、「○○」というキーワード自体にはすでにどんどんなじんでいるからです。

このように「ざっくり読む」のであれば、手元にテキストか問題集が必要であるとはいえ、いつでもどこでも勉強できる気がしませんか？　机に向かう必要もないのです。

そして、「ざっくり読む」の次は、また「思い出す」へと移っていきます。このように、3ステップ記憶勉強術は、「思い出す」「問いに変える」「ざっくり読む」という3つのステップをどんどんくり返していく勉強法なのです。

どのステップでもあなたがすでに覚えている「記憶」を活用していきます。記憶を活用することで、この3ステップのサイクルは、ストレスなく、ラクに、いつでもどこでもくり返すことができるのです。

もちろん、まだまだ疑問がある人も多いことでしょう。

3ステップ記憶勉強術のしくみ

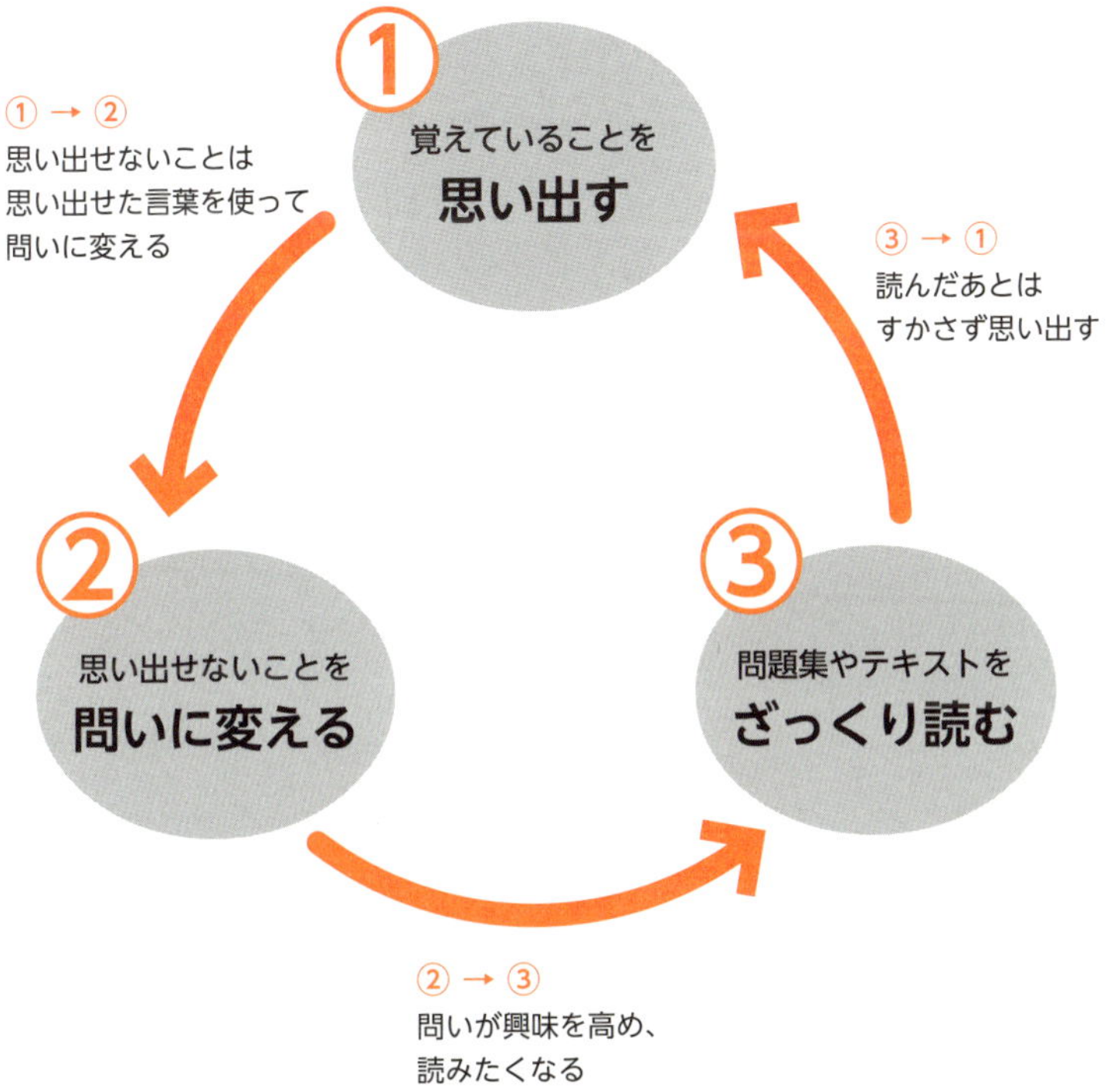
1
覚えていることを
思い出す
① → ②
思い出せないことは
思い出せた言葉を使って
問いに変える
2
思い出せないことを
問いに変える
② → ③
問いが興味を高め、
読みたくなる
3
問題集やテキストを
ざっくり読む
③ → ①
読んだあとは
すかさず思い出す

「これで本当に細かいところまで理解したり記憶できたりするようになるの？」
「これで本当に試験に合格できるようになるの？」

本書では実際の問題集やテキストを使って、この3ステップをどのように具体的にまわしていくかを解説していきます。

また、このサイクルをよりすばやく効果的にまわしていくためのテクニック、手法がありますので、そちらも追って紹介していきます。ただ、細かいテクニックや手法にいく前に、この「思い出す」「問いに変える」「ざっくり読む」という3つのステップを回転させることを押さえておいてもらいたいのです。

そうしないと、枝葉末節のテクニックに流れ、本筋から離れてしまうことでしょう。

「思い出す」→「問いに変える」→「ざっくり読む」

もう一度確認しておいてください。

究極のアウトプット学習法

なお、この勉強法は、究極のアウトプット学習法といえます。なぜなら、「思い出す」というアウトプットからすべてがはじまるからです。

よく「アウトプット学習法」というと、テキストからではなく問題集を中心に行なう学習法だったり、書いたり、人に話したりということを勧める学習法だったりします。

しかし、この勉強法は、対象がテキストであろうと問題集であろうと同じです。たとえテキストであろうと「思い出す」ことからはじめて、サイクルをまわすことでアウトプット中心の学習法となっていきます。

また、「読む」といっても、この勉強法の「ざっくり読む」は、単なるインプットではありません。先行する「思い出す」「問いに変える」を受けての読みですから、インプットというよりも、限りなく「思い出す」に近くなっていきます。

また、「ざっくり読む」なので、読む気がするところしか読みません。つまり、どんどん飛ばし読みをしていきますから、がんばって知識をインプットしようという感覚ではなくなってきます。

呼吸において、息を吐けば自然と息を吸って空気が入ってくるように、自然と知識がインプットされていきます。

それはまた、雪だるまを作るとき、ただ雪の玉を転がすだけでどんどん雪がくっついて大きくなるような感覚でもあります。

「思い出す」ことによって核が何かを明確にしてそれをしっかりとしたものにし、さらに「問いに変える」ことで吸着力を上げれば、あとはまわすだけでどんどん記憶も増え、覚えているところ、わかるところが増えていくのです。

このようにみていくと、この勉強法が「いい加減な」勉強法ではなく、「よい加減な」効果的・効率的な勉強法であることがおわかりいただけるでしょう。

では次の章から、さまざまな試験に挑戦している山田さん一家に登場してもらい、この「3ステップ記憶勉強術」をどのように実践するかを実況解説していきます。

注：本書の設定・会話は、筆者の実際の個別指導の経験をもとに再構成したフィクションです。

また、筆者を表わす人物イラストは、実際のイメージとは異なることをあらかじめお断りしておきます。

登場人物の紹介

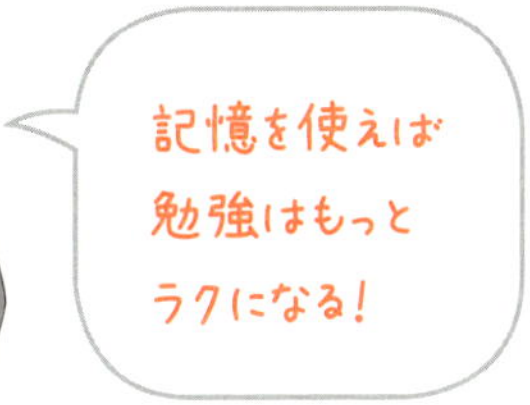
記憶を使えば
勉強はもっと
ラクになる！

宇《う》都《つ》出《で》雅《まさ》巳《み》
勉強法アドバイザー

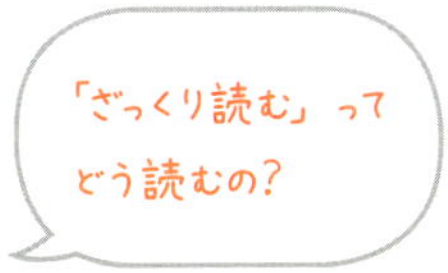
「ざっくり読む」って
どう読むの？

山《やま》田《だ》夏《なつ》子《こ》 29歳

受験する試験

FP 3級

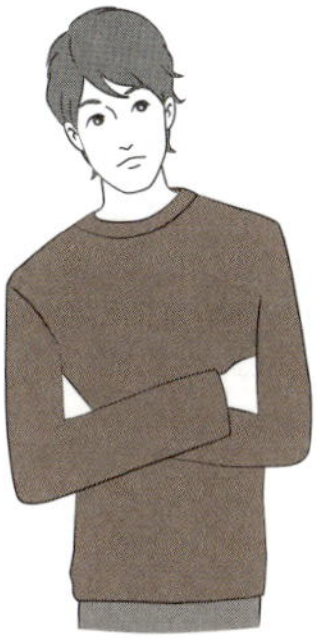

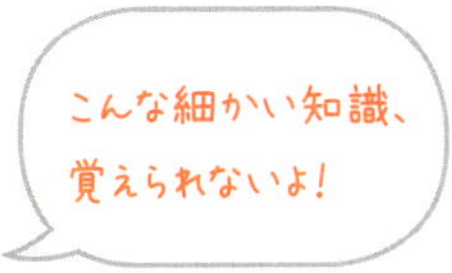
こんな細かい知識、
覚えられないよ！

山《やま》田《だ》秋《おき》生《お》 27歳

受験する試験

公務員試験

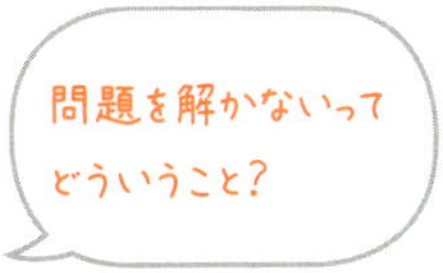
問題を解かないって
どういうこと？

山《やま》田《だ》冬《ふゆ》香《か》 18歳

受験する試験

大学入試センター試験

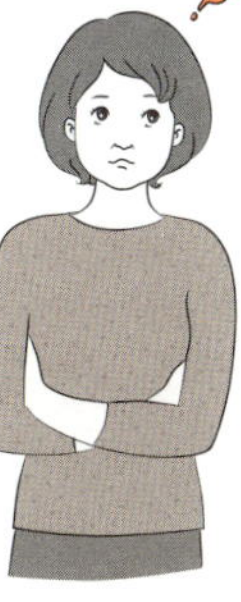

何回やっても覚え
られないわ……

山《やま》田《だ》春《はる》代《よ》 54歳

受験する試験

TOEIC

Chapter 2

3ステップ記憶勉強術

【基本編】
目次の読み方

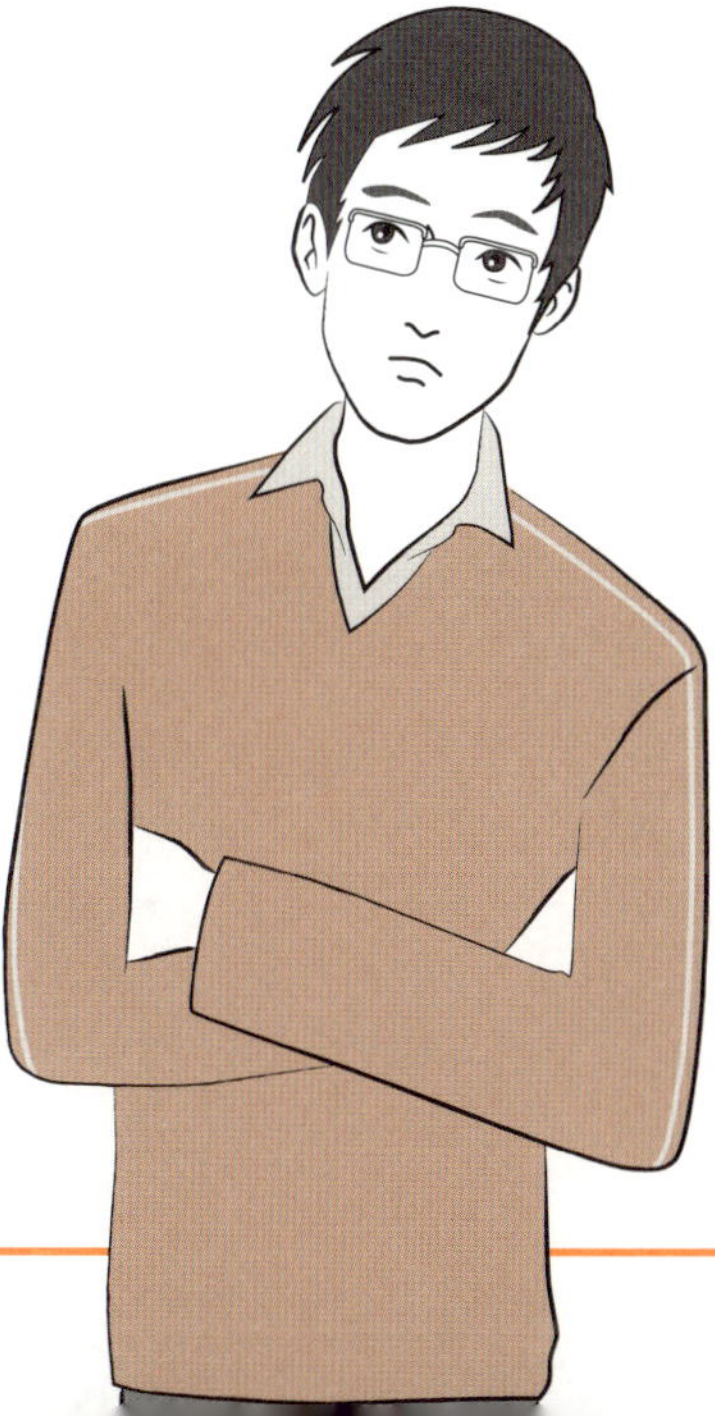

やる気一杯ではじめた夏子さん

今年30歳になる山田夏子さんは、ファイナンシャル・プランナー（ＦＰ）試験に挑戦することを決めました。20代後半から投資信託を購入したりして資産運用を少しずつ勉強していましたが、もっとキチンと体系的に勉強したくなったのがきっかけでした。

ゆくゆくはプロのＦＰとして独立し、自分の実体験も活かしながら、若い女性のサポートをしたいという夢も広がっています。

自分で勉強したいと思って、さらには将来の夢にワクワクしながらはじめたＦＰの勉強。まずは、最も手軽に受

だんだんとやる気も自信もなくなり……

けられるＦＰ３級を受けようと、ＦＰ３級のテキストを買って読みはじめたのですが……。

最初の１週間こそ「やるぞ！」とモチベーションも高く読みはじめたものの、思ったより難しく、しかも興味を持てない話ばかり。なかなかページも進みません。昨日読んだことも頭に残っていない有様。

「私ももう若くないからかなぁ。やっぱり、勉強はきついかも……」

なんて思いはじめ、気づけばテキストを開くことも少なくなってきました。

書店での運命の出会い！

でも、「このままではダメだわ」と思い直した夏子さん。そういえばここ最近、たくさんの勉強法の本が出ていたのを思い出し、仕事のあと、駅前の書店に立ち寄ってみました。

「何かラクに勉強できる方法はないかしら……」と勉強本コーナーを見てみると、思わず目に飛び込んできた言葉が……。

「やる気は降ってこない！」

『なるほど！　合格勉強術』という本の表紙に書かれた言葉でした。

この本を手に取ってめくってみると、

「これならできる！」

これまで自分が思っていた勉強とは真逆ともいえるような言葉の連続。一瞬、「ええ、本当??」と思いましたが、解説を読むと、確かに「なるほど！」と思えることばかり。

立ち読みしながら、「これならできるかも！」とレジに向かい、自宅までの電車の中でむさぼるように読んだのでした。

この本では、「何はともあれ過去問」と、テキストよりもまずは過去問に取り組むことを勧めていたので、さっそくＦＰ３級の過去問を入手して読んでみることに……。

ただ、過去問を読みはじめたものの、

ついつい考え込んでしまい……進まない

慣れないせいか、ついつい考え込んでしまい、著者がいうように速く読んで、くり返していくということができません……。

「やっぱりダメか……」とも思いましたが、一方で、これならできるかもという手応えも感じていました。

そこで、試験が1か月後に迫っていることもあり、思い切って、著者が直接指導してくれるという個別指導を申し込んでみることにしたのでした。

仕事帰りの会社近くの喫茶店。あいさつもそこそこにいきなり個別指導が始まりました……。

どんな個別指導が行なわれるのか……

夏子

過去問を買ってきましたが、やはり勉強する気も起きず、読む気もしません……。

宇都出

いいですよ。夏子さんはご自分が受ける試験の名前はもう覚えていますよね。

さすがにそれは私でも覚えています。ＦＰ３級です。

すばらしい。

からかわないでください。それぐらいは当然でしょう。

ただこれも記憶していることにはかわりないですからね。では、ＦＰ３級の分野にはどんな項目があるか覚えていますか？

え？　項目ですか……。えーと……、金融資産の話や税金の話などがありましたが……。恥ずかしい話、すぐに思い出せません。

こんなことも覚えていないなんて……

金融資産、税金などの項目があったことは思い出せるんですね。いいですね。それも記憶できているわけです。そしてそれ以外にもあるということも覚えているから、「すぐに思い出せない」という言葉が出てくるんです。

そういわれると、少しは覚えていることがあったようでうれしいです。

はい。ここ、とても大事なポイントなんです。多くの人が、少しでも覚えていることがあるのに、「全然覚えていない……」と勝手に落ち込んで、せっかく覚えていることを拾い上げずに流してしまうんです。この流してしまっているものを、ただ拾い上げるだけでいいんです。

解説

「思い出す」

夏子さんとのやりとりを読んで、ここまでで何をしたかわかりますか？

そうです。３ステップ記憶勉強術の最初のステップ・「思い出す」をやってもらいました。

夏子さんはＦＰ３級の勉強をはじめたばかりで、テキストや過去問もまだほとんど読んでいない状態ですが、それでもほんの少しは記憶していることがあります。まずはそこから思い出してもらうのです。

思い出そうとすると、「あぁ、これだけしか思い出せない……」とネガティブな気分になりがちですが、ここがさらに勉強して合格への道を進めるかどうかの分岐点です。

「これだけしか思い出せない……」と落ち込むことで、貴重な勉強時間を無駄に過ごしたり、せっかく覚えていることまでを認めずに流してしまうか。それとも、「少しだけど、これだけは覚えている」と覚えていることを認め、すかさずくり返しながらさらに記憶を強化するか。➡㉚覚えているから楽にくり返せる　熱いうちにくり返せ！

勉強がデキル人とデキない人は、このほんのちょっとした心の動きの違いから生まれるのです。

なお、**「思い出す」とき、その助けとなってくれるのが、「タイトル」です。**「ＦＰ３級」というのは問題集のタイトルですね。そして、ＦＰ３級の各分野の名前というのは、この問題集の章タイトルになっている場合がほとんどです。そして、さらに、各分野の内容を思い出そうというときには、節タイトルや小見出しなどが助けとなってくれます。

問題集にしろテキストにしろ、本の場合はこのようにタイトルや小見出しが付いているため、読みやすく、そして思い出しやすくなっているのです。

ところで、このタイトルや小見出しが一か所に集まっているところはどこかわかりますか？

そうです、目次です。この３ステップ記憶勉強術では、目次を徹底的に使い倒していきます。

宇都出

では夏子さん、金融資産や税金以外にも項目があったんですね？

夏子

ええ、2つだけということはありませんから。

では、いくつぐらいの項目がありましたか？

せいぜい10個ぐらいだったでしょうか……。

いま、ほかの分野の項目名は何だったか、思い出そうとされていますね。

ええ、ただ、思い出せません……。

思い出せないものは、がんばって思い出そうとしたりする必要はありませんよ。時間やエネルギーのムダになりますから。

そうなんですか？　こうやってがんばって思い出すことが必要なのかと思っていました。

もちろん、まったくムダとはいいませんが、そうやってがんばると疲れるでしょ？

もちろん、そうですね。最初のうちはがんばれるのですが、あとが続かないんです。

なので、**がんばる必要はないんです。**それよりも、いま、夏子さんの頭のなかでは「ほかの分野の項目は？」という問いがグルグルまわっているでしょう？

ええ、そうです。

それで十分です。思い出そうとするより、その問いをただくり返すだけでいいんです。

問いをくり返す、ですか？

問いを くり返すだけで いいんですか？

解説

「問いに変える」

意欲も集中力も高める

3ステップ記憶勉強術の最初のステップ「思い出す」ことで何が起こるかというと、覚えていることと覚えていないことをはっきりと分けられるようになります。

覚えていることは思い出せますし、覚えていないことは思い出せない。これによって、自分の現状と真正面から向き合うことになります。

最初は、思った以上に忘れていることにショックを受けるかもしれません。特に読んだ直後ほど急激に忘れるので、慣れないうちは、「え？　さっき読んだばかりなのに……」と落ち込みがちです。なかには、「私は、なんて記憶力がないんだ、頭が悪いんだ」というように、自分自身の能力を責めたり、疑ったりする人も出てきます。

でも、実際には**人間だれもが「忘れる生き物」**なのです。覚える・忘れるをくり返す

なかで、だんだんと記憶は定着するのです。

➡㉙覚えるために「忘れる」ことは必要　忘れたらまた覚えろ！

そして、このためにあなたが落ち込まないで、勉強し続けるために効果を発揮するのが、3ステップ記憶勉強術の2つめのステップ・「問いに変える」です。

夏子さんの例でいうと、「金融資産や税金以外の分野の項目は何だろう？」という問いに変えて、その問いをただくり返せばいいのです。とりあえず、「金融資産や税金以外にどれぐらいの分野があっただろう？」という問いでも構いません。

「問いに変える」ことであれば、たとえ忘れていてもできます。そして、そうやって作った問いをくり返すことはラクにできるんです。

「でも、そんな問いをくり返して何の役に立つんですか？」と思われるかもしれませんが、問いをくり返すことによって、問題集やテキストを読もうという意欲が強まり、次に読むときの集中力が高まります。つまり、「問いに変える」は、3ステップ記憶勉強術の3つめのステップ・「ざっくり読む」への架け橋、準備になるのです。

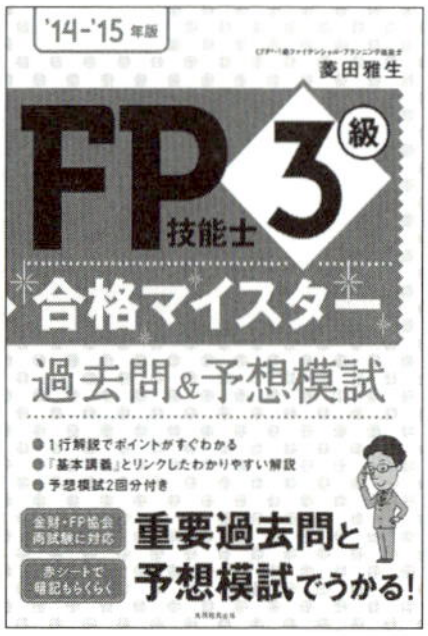

実務教育出版

「目次」は情報が詰まったページです。そこにあるタイトルや見出しは内容が集約された言葉であり、しかもそれだけが集められているからです。全体が一覧でき、勉強の骨組みとなります。

夏子さんが勉強しはじめた過去問集の目次

Contents

'14-'15 年版

FP 技能士３級　合格マイスター　過去問＆予想模試

はじめに …… i
本書の構成と使い方 …… ii
FP ３級試験の概要 …… vi

第１章　**ライフプランニングと資金計画** …… 1

スピード要点整理　ライフプランニングと資金計画の重要ポイント …… 2
学科○×式問題 …… 6
学科３択式問題 …… 14
実技問題 …… 26

第２章　**リスク管理** …… 39

スピード要点整理　リスク管理の重要ポイント …… 40
学科○×式問題 …… 46
学科３択式問題 …… 54
実技問題 …… 66

第３章　**金融資産運用** …… 81

スピード要点整理　金融資産運用の重要ポイント …… 82
学科○×式問題 …… 88
学科３択式問題 …… 96
実技問題 …… 108

第４章　**タックスプランニング** …… 117

スピード要点整理　タックスプランニングの重要ポイント …… 118
学科○×式問題 …… 122
学科３択式問題 …… 132
実技問題 …… 142

まずは
章タイトルに注目

宇都出

問いをくり返してみてどうですか？

夏子

早く、問題集を開いて確認したいです。気持ち悪いですから。

その気持ち悪さ、大事ですよ。

それでは、問題集の目次を開いてみてください。

目次ですね……。ああ、そうそう、そうでした。不動産とか相続もありました……。大きく分けると6項目なんですね。そんなこと、思ってもみませんでした。

そうです。おそらくこれまでFP3級の試験は難しい、なかなかわからないといわれていたと思いますが、こうやって見てみるとどうですか？

ちょっとラクになったというか、試験のイメージが鮮明になった気がしますね。正直、これぐらいはわかっていると思っていたのですが……。わかっているかどうかハッキリさせることは大事ですね。

おそらく、不動産とか相続という言葉も何度も読んでいたと思います。

しかし、これまではなんとなく読んでいたので、それが引っかかってこなかったんです。

引っかかってこなかった……。確かにそういう感覚ですね。逆にいまは不動産や相続などが引っかかったというか、言葉が目に飛び込んできたというか……。

はい。これが「問いに変える」ことの効果なんです。問いを何度もくり返すなかで、夏子さんはその答えが入る受け皿を作っていたともいえます。なので、問題集の目次を見た瞬間、すぐにその答えがその受け皿に飛び込んできたというわけです。

受け皿ですか……。大事ですね。これまではお皿を持たないで、とにかく入れようとしていたから効率が悪かったんですね……。

言葉が目に
飛び込んでくる、
そんな感覚です

解説

頭が広がる

試験勉強というと、「詰め込み勉強」なんていう言葉に代表されるように、たくさんの知識を強引に頭の中に詰めていくイメージを持っている人も多いかもしれません。この「詰め込む」というイメージ、あまり楽しくないですよね。どちらかというと、苦しい感じかもしれません。また、勉強すればするほど、「もう一杯で詰め込めません！」なんて逃げ出したくなるかもしれません。

しかし、試験勉強が得意な人というのは、こんな苦しいイメージは持っていません。また、試験勉強が苦手という人であっても、得意な分野の勉強、さらには趣味の世界の雑誌や本を読んでいるときには、「詰め込む」なんていうイメージはないでしょう。

では、どんなイメージでしょう？

詰め込む
勉強から
広がる勉強へ

おそらく、知識を頭のなかに入れるというより、あなたのほうから知識を取りにいく、いわば頭が広がっていく楽しいイメージではないでしょうか？

3ステップ記憶勉強術は、試験勉強であっても、あなたが苦手な分野の勉強であっても、**あなたの頭が広がっていくイメージで勉強するようになる方法です。**そして、それを可能にするのが、2ステップめの「問いに変える」なのです。

「○○って何だろう？」

問いを持つとき、あなたの意識は○○という対象に向いていきます。あなたがもともと○○に興味・関心を持っていれば、自然と問いは生まれてきます。このため、自然にどんどん学んで知識が広がっていきます。これを意図的に引き起こそうとするわけです。

最初は試験勉強で嫌々やりはじめたものでも、こうして問いに変えて、問いをくり返すなかでだんだんと興味・関心が向くようになってきます。

➡40「わかりたい」という思いが原動力

「わからない」を問いに変えろ！

そして、次のステップ「ざっくり読む」で知識が少しずつ増え、わかることが増えると、さらに興味・関心を持ちやすくなり、問いに変えるのもどんどんラクになっていきます。まずは、「問いに変える」という形から入っていきましょう。

宇都出

ところで、夏子さん、もう次の3ステップめに進んでいることはわかりましたか？

夏子

3ステップめは「ざっくり読む」でしたね。ああ、もう読んでいますもんね。これが、「ざっくり読む」ですか？

これも一つの「ざっくり読む」、といったほうが正確ですね。もし、夏子さんがこの目次を普通に読むとしたら、どう読みますか？　いまと同じように読みました？

どう読むかですか……。普通いまのようには読まないですね。当たり前ですが、最初から順番に読んでいきます。

そうですね。普通は最初から順番に飛ばさずに読んでいくでしょう。「ざっくり読む」というのは、そういう読み方にこだわらずに、読む気がするところを読む方法です。

読む気がするところ……。たとえば、いまは、不動産や相続など大きく書かれた章タイトルだけ読んで、その下の小さく書かれた文字は読んでいませんが、これもそうなんですね。

はい、そうです。また、いまは本文は読まずに目次を読んでいますね。これもある意味、「ざっくり読む」です。いきなり本文よりも、目次のほうが読む気がするでしょう？

ええ、文字数が少ないですし、文章が短いですから。ただ、専門用語など抽象的な言葉が並んでいるので、読む気がしないともいえますが……。

確かに、抽象的な言葉が並びますからね。ただ、こういった言葉を読むことも、「ざっくり読む」の一つで、これが脳にとっては理解・記憶しやすいんです。

目次って抽象的で読みにくい……

解説

「ざっくり読む」

3ステップ記憶勉強術の3ステップは、「ざっくり読む」。ただ「読む」ではなく、「ざっくり」というのがポイントです。夏子さんとの会話で説明しましたが、最初から順番に読んでいくという普通の読み方にこだわらない読み方で、読む気がするところから読んでいく読み方です。

たとえば、会話にあったように、「問いに変える」で生みだした「問い」の答えの部分を読むこともあるでしょうし、とりあえずタイトルや見出しを読むこともあるでしょう。すでにある程度知っていて、読みやすいところを読むかもしれません。

そして、目次は「ざっくり読む」ための格好のツールなのです。

➡⑯テキスト攻略は目次がカギ　本文よりも目次を読め！

第一歩は目次

目次を構成しているものは、部や章、さらには節などのタイトル、そして小見出しです。これは、本文で書かれている内容を抽象化し、集約したもので、だんだんと細かく広がっていく階層構造になっています。

そして、**この階層構造は、脳が新しいことを学ぶにはとても学びやすい構造なんです。**

脳は細かい知識より、大雑把な知識を記憶・理解するほうが得意だからです。

しかし、人はなぜか試験勉強で、いきなり細かい知識を記憶・理解しようとしてしまいます。しかしそれは、いきなり細かい知識に入っていくことであり、脳にはかなりムリがあるのです。

そこで、目次です。目次であれば、本文はありませんから、細かい知識に入ることなく、大雑把に本の内容をとらえていくことができます。ただし、もうおわかりだと思いますが、目次も前から順番に読んでいく必要はありませんし、読んではいけません。

目次自体もざっくりと読んでいくことが必要です。まずは、大きなタイトルからです。

部や章のタイトルだけを読んだあとで、それがラクにとらえられるようになってから、その下にある節タイトルや小見出しに入っていきます。

宇都出

では、問題集から顔を上げて、
いま見たばかりの項目を思い出してもらえますか？

夏子

え？　はぁ、金融資産運用、不動産、
そして相続なんとかというのはありますね。
あれ、いま見たばかりなのに出てきません……。ショック!!

さっきよりも覚えているじゃないですか！
ここは落ち込むところではありませんよ。すでに覚えているところに
焦点を当ててください。そして、覚えていないところは……。

「問いに変える」ですね。
「相続なんとかって何だろう？」という問いでもいいですか？

もちろんいいですよ。おそらく、
「相続なんとか」という問い自体はかなり覚えていますよね。

問いに変えて、問いだけでもいいからくり返せばいい、
それも勉強だというのは気がラクですね。これならどんどん勉強する
気になってきます。かなりＦＰ３級の勉強の敷居が下がりました。

ページを開くのがもう怖くない

いいですね。**その調子です。**では、
「問いに変える」が終わったところで次の……。

「ざっくり読む」ですね。このざっくりというのも、
ざっくりでいいんだったらと思うと、ページを開くのが
怖くありません。これまでは、細かいところも全部読まなければ、
理解し覚えなければと思っていたので。

とにかく、勉強を続けることですから。「思い出す」→
「問いに変える」→「ざっくり読む」のサイクルを回転させること
だけに集中していってください。サイクルをくり返していけば、
だんだんと細かいところに入れますし、
わからないところもだんだんとわかるようになってきます。

解説

3ステップをくり返す

ここまでで、３ステップ記憶勉強術の３つのステップ、「思い出す」「問いに変える」「ざっくり読む」を解説してきました。

いかがでしょう?

試験勉強を極論すれば、この３つのステップをひたすらくり返していくだけのことです。**くり返すなかで、目次から本文へ、だんだんと細かいところに入って記憶・理解し、わからないところもだんだんとわかるようになっていけばいいのです。** ↓コラム❷「脳にやさしい」高速大量回転法

「ざっくり読む」というのは、目次をはじめ、章タイトルや節タイトル、小見出しを活用しながら読むことですが、それだけでは試験には合格できません。本文にももちろん

入って記憶・理解する必要がありますから、最終的には「ざっくり読む」をくり返しながら本文の細かいところに入っていきます。どう入るかについては後ほど、いろいろな「ざっくり読む」パターンを紹介・解説していきます。

「ざっくり読む」ことで、わからないところで止まったり、疲れたり、挫折したりすることがなくなります。

そして、「思い出す」ことでわかっているところ・覚えているところ、わかっていないところ・覚えていないところが明確になります。

さらにわかっていないところ・覚えていないところを問いに変えてくり返しておくことで、焦点が定まり、読もうという気も起きて、実際に読むときに集中力高く読めるようになっていきます。

従来の勉強といえば、机に向かってテキストを「読む」こと、問題集を「解く」ことですよね？　しかし、３ステップ記憶勉強術では、問題集は解こうとせずに、読むだけです。正確には、「読む」ことに加え、「思い出す」や「問いに変える」を加えて、３つのステップをくり返していくだけです。

これによって、がんばることなく、記憶・理解が進んでいくのです。

宇都出

では、また目次を見てみてください。

夏子

ああ、そうそう、税金はタックスプランニングでした……。相続は、事業承継というのと一緒なんですね。やはり、この年齢になると記憶力が落ちていますね。

記憶力が落ちているわけではないですよ。ただ、くり返しをしなくなっているだけです。それに、６つというのはもう覚えていますよね。そこからもう覚えられますよ。

確かに……。でもこの調子では、試験に必要な細かい知識を覚えるなんて、何年かかるかわかりませんね。

心配する必要はありません。夏子さんのこのＦＰ３級に関する知識のストックが増えてくるにつれて、記憶・理解するスピードはだんだんと加速してきますから。そして、そのためには焦らないことです。**「急がばまわせ」**、とりあえず、ＦＰ３級のこの６つの大きな項目だけでもくり返し、さっさとなじんでしまいましょう。

でも、いいかげん、目次だけを読むのに飽きてきました。具体的にどういう問題が出ているのか、どういうことが問われているのか知りたくて、本文に入りたいのですが……。

いいですね。「この過去問を読みたい！」という意欲が感じられますよ。

ええ、自分でも不思議なんですが……。これも、焦りなんでしょうか？

そんなことはありません。この「読みたい！」という気持ちが大事なんです。これがないと、問題集にしてもテキストにしても、いくら読んでいても読みの質が高まってきません。

解説

3ステップの原動力

以前、受講生のおひとりが、「宇都出さんの読み方は『じらす』読み方ですね」と言われました。

「じらす」。この言葉を聞いたときに、「確かにそうだ！」と私もピンときました。思い出したり、問いに変えたり、ざっくりしか読まなかったりするのは、自分自身をじらしていることなんですね。

テレビドラマで、これからが大事なところというところで、「つづく」と次回に持ち越されて、早く続きを見たい、そして次回も見るということがありますよね。

3ステップ記憶勉強術は、それと同じような演出効果を行ないがら、読んでいるようなものなのです。

「じらす」ことで知りたくなる

これは心理学で「ザイガルニック効果」として知られているものですが、最後まで伝えられた知識の記憶よりも、中途半端なところまでしか伝えられなかった知識の記憶のほうが残りやすいという実験結果があります。

なぜ、記憶に残りやすいかというと、そのことが気になって無意識のうちにくり返していくからだと考えられています。

「じらす」ことによって、その続きを知りたいという思いから、知らず知らずのうちに、「次は何だろう？」という問いがくり返されるのです。そして、くり返すなかで、「問いの答えを早く知りたい！」という思いが強まり、過去問やテキストを読む意欲を高めていくのです。

また、読むにしても「ざっくり読む」ですから、まだまだ読んでいないところがあります。これがまた「じらす」ことになり、それは「思い出す」ことによってさらにじらされていきます。こうして3ステップがどんどんくり返されるのです。

それでは、この3ステップのくり返しのなかで、どのように本文の細かいところに入っていくか。Chapter 3で夏子さんのその後を見ていきましょう。

Chapter

3

3ステップ記憶勉強術

【基本編】本文の読み方

問題集が好きになってきた！

最初は、ＦＰ３級の科目名も満足にいえない自分にびっくり、落ち込んでいた夏子さん。

まずは、目次から３ステップ記憶勉強術を実践することで、「思い出す」→「問いに変える」→「ざっくり読む」の３ステップを少しずつつかみはじめてきたようです。

３ステップはそれぞれのステップが次のステップの準備、架け橋です。

いったんまわりはじめると、ラクにまわります。

また、文字数としては大した量ではありませんが、科目名でもある章タイトルは、記憶に定着しました。

「これだけ記憶しても……」と思う人もいるかもしれませんが、この３ステップ記憶勉強術に挑む前の夏子さんのように、「これだけ」も記憶していない人が大半です。そして、目次にある章タイトルや見出しなどは、家を建てるときの大黒柱をはじめとする柱が大事なように、試験勉強を進めていくうえでとても大事なのです。

目次項目をしっかりとつかんでおくことで、これから本文に入って読んでいく細かい項目が整理しやすくなり、理解や記憶のしやすさにつながっていくのです。

もちろん、これから入っていく本文が本番です。文字数は一気に増えて、「ざっくり読む」ためにはさまざまな工夫が必要になってきます。

さて、どんな工夫が必要になるのでしょう？

夏子さんと一緒に3ステップ記憶勉強術をさらに学んでいきましょう。

3ステップがまわりはじめた！

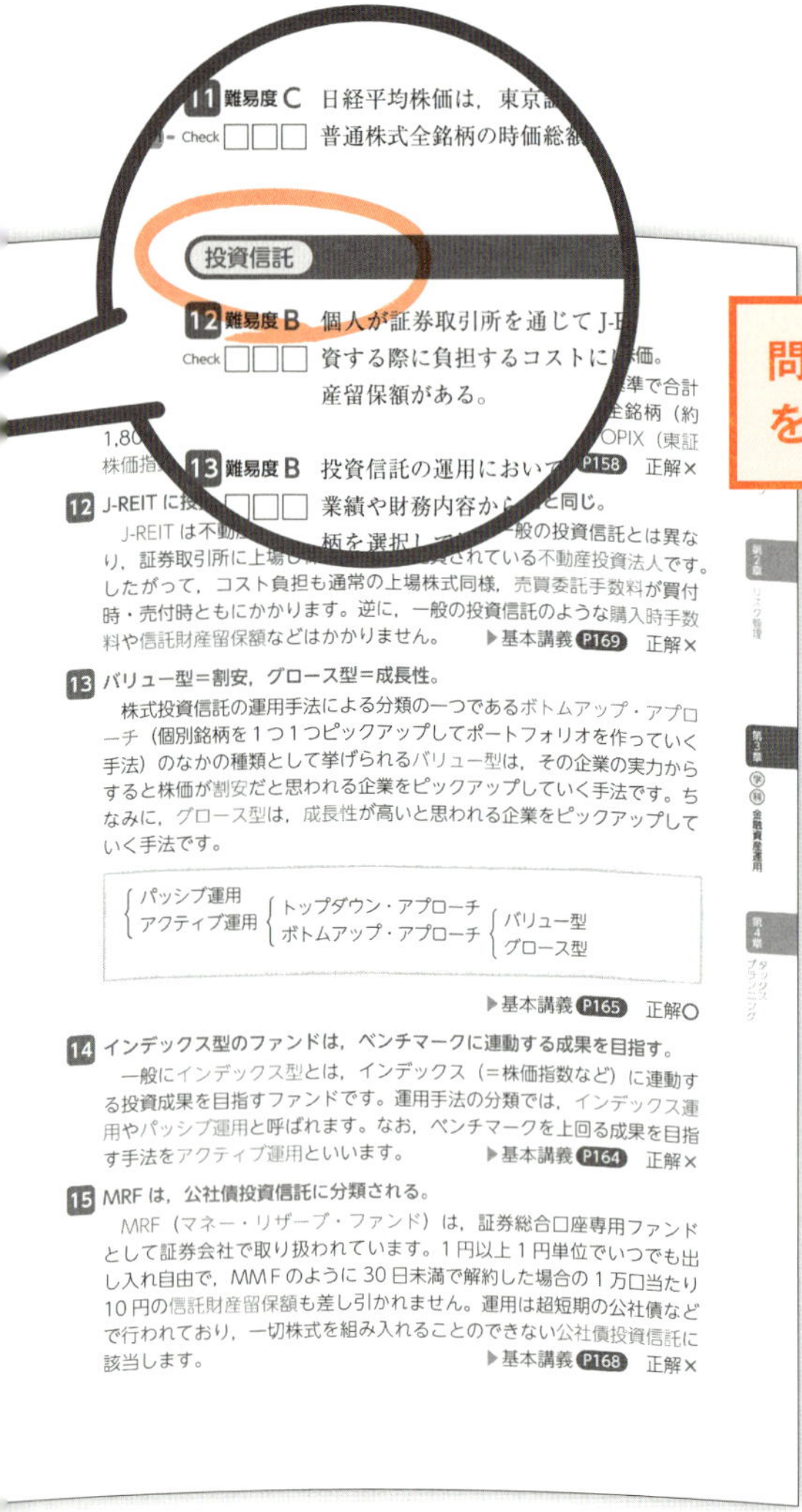

11 難易度C 日経平均株価は，東京証
Check □□□ 普通株式全銘柄の時価総額

投資信託

12 難易度B 個人が証券取引所を通じてJ-R
Check □□□ 資する際に負担するコストに
産留保額がある。

13 難易度B 投資信託の運用において ▶基本講義 P158 正解×
Check □□□ 業績や財務内容から
柄を選択し

12 J-REIT に投
J-REIT は不動 一般の投資信託とは異なり，証券取引所に上場し されている不動産投資法人です。したがって，コスト負担も通常の上場株式同様，売買委託手数料が買付時・売付時ともにかかります。逆に，一般の投資信託のような購入時手数料や信託財産留保額などはかかりません。 ▶基本講義 P169 正解×

13 バリュー型＝割安，グロース型＝成長性。
株式投資信託の運用手法による分類の一つであるボトムアップ・アプローチ（個別銘柄を1つ1つピックアップしてポートフォリオを作っていく手法）のなかの種類として挙げられるバリュー型は，その企業の実力からすると株価が割安だと思われる企業をピックアップしていく手法です。ちなみに，グロース型は，成長性が高いと思われる企業をピックアップしていく手法です。

パッシブ運用
アクティブ運用 { トップダウン・アプローチ
ボトムアップ・アプローチ { バリュー型
グロース型

▶基本講義 P165 正解○

14 インデックス型のファンドは，ベンチマークに連動する成果を目指す。
一般にインデックス型とは，インデックス（＝株価指数など）に連動する投資成果を目指すファンドです。運用手法の分類では，インデックス運用やパッシブ運用と呼ばれます。なお，ベンチマークを上回る成果を目指す手法をアクティブ運用といいます。 ▶基本講義 P164 正解×

15 MRF は，公社債投資信託に分類される。
MRF（マネー・リザーブ・ファンド）は，証券総合口座専用ファンドとして証券会社で取り扱われています。1円以上1円単位でいつでも出し入れ自由で，MMFのように30日未満で解約した場合の1万口当たり10円の信託財産留保額も差し引かれません。運用は超短期の公社債などで行われており，一切株式を組み入れることのできない公社債投資信託に該当します。 ▶基本講義 P168 正解×

第2章 リスク管理
第3章 学科 金融資産運用
第4章 タックスプランニング

問題と解答・解説を区別しない

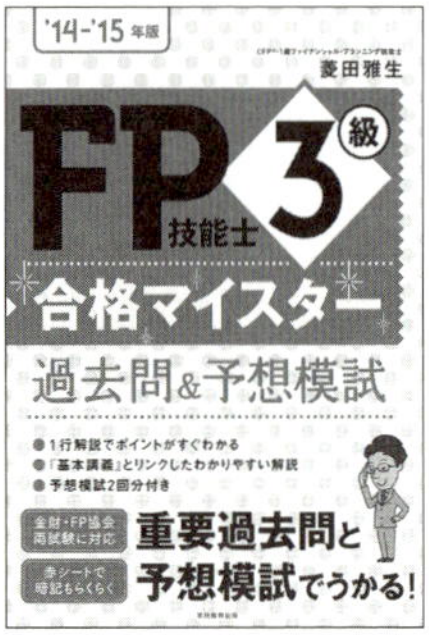

実務教育出版

本文に入ると文字量が多く圧倒されがちですが、圧倒されないよう、読む気のするところから読みましょう。おススメは小見出し。解答・解説のほうが読みやすければそちらから読むのもアリです。

夏子さんが読みはじめた
過去問集の本文（金融資産運用）

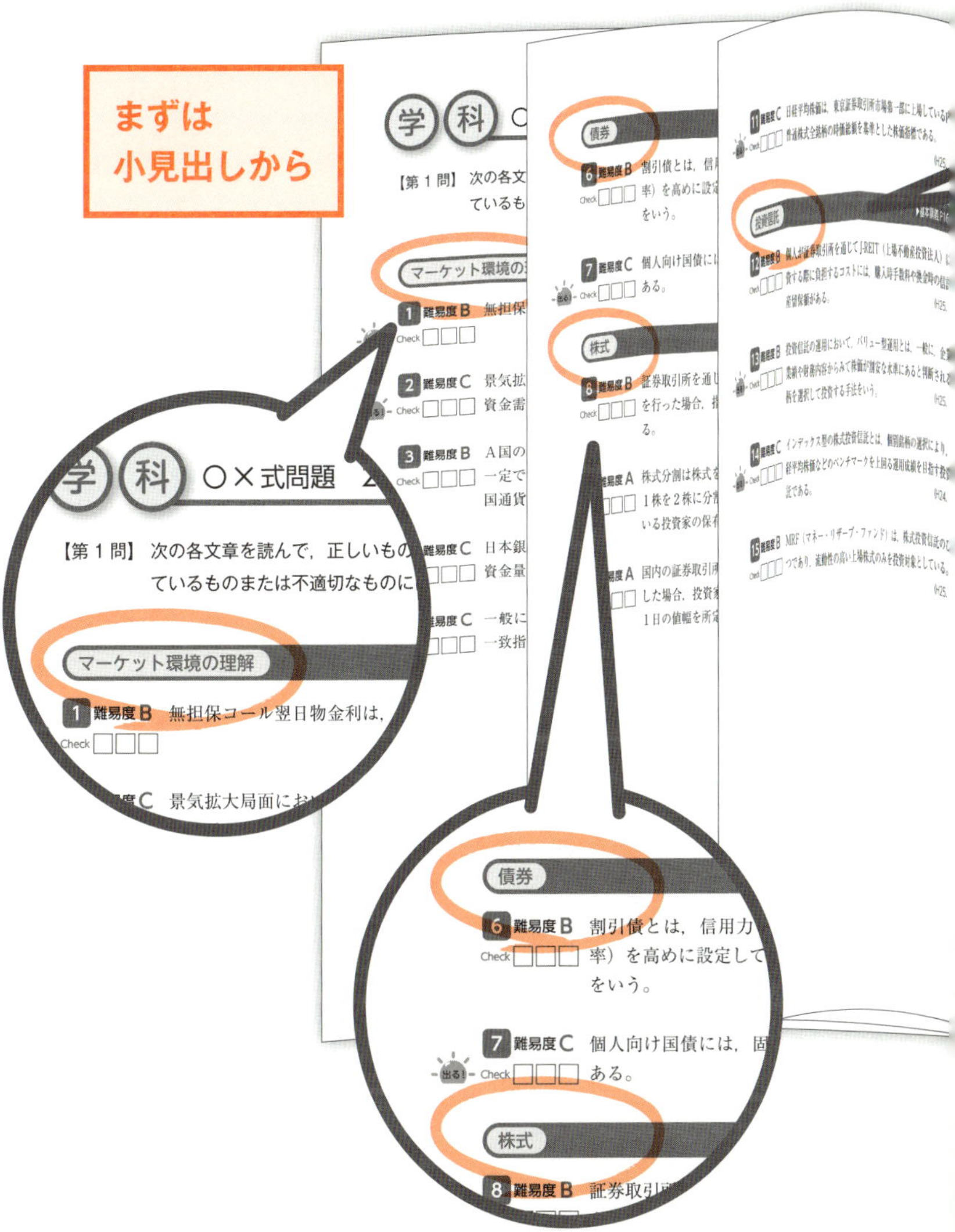
まずは
小見出しから
学 科 ○×式問題
【第１問】次の各文章を読んで，正しいもの
ているものまたは不適切なものに
マーケット環境の理解
1 難易度B 無担保コール翌日物金利は，
Check
債券
6 難易度B 割引債とは，信用力
Check 率）を高めに設定して
をいう。
7 難易度C 個人向け国債には，固
出る！ Check ある。
株式
8 難易度B 証券取引

宇都出

では、本文に入っていきましょう。どこから読みますか？

夏子
え？　最初からじゃないんですか？　そうかぁ、
読む気がするところから読めばいいんですね。
では、ちょっとなじみがありそうな金融資産運用から……。
わぁ、本文に入ると一気に文字数が増えて、ちょっと圧倒されますね。
はい。目次も文字数が少ないわりには抽象的な言葉が多いので
圧倒されがちですが、本文の場合は、単純に文字数の多さに
最初は圧倒されてしまいます。ここで圧倒されないで
読むためにも「ざっくり読む」を思い出してくださいね。

ざっくり読むというと、まずは見出しだけということですね。

はい、そうです。 見出しは書体や色に変化がついていたり、
文字サイズも大きかったりもするので、いわゆる本文との違いが
明確ですから、見出しだけを拾って読むのは簡単ですよね。

見出しだけでいいと思えば、ラクに読めますね。

過去問は解かずに読む、ですか……

はい。なので、とりあえず見出しだけでいいので
ページをめくりつつ、ざっくりと読んでください。

あれ？
過去問は解かなくていいんですか？

もちろんです。
過去問は解くものではなく、読むものですよ。
正確にいうと、これも3つのステップすべてを回転させながら
読むので、思い出したり、問いに変えたりすることは必須です。

解説

考えないでとにかく読む

３ステップ記憶勉強術の３つのステップには、「解く」というステップはありません。

それは過去問は「解く」のではなく、「読む」からです。

ラクに問題文を読めてさっさと解けるのであれば、解いても構いません。ただし、がんばって解こうとか、考えて解くことはやめるということです。

「いやいや、その考えるというプロセスが思考力を鍛えるうえでも大事でしょ。それじゃ、丸暗記しろということですか？」

なんていうツッコミが入るかもしれませんが、丸暗記をするわけではありませんし、「思考力」なるものを否定しているわけでもありません。ただし、がんばって解こうとしたり、ウンウンうなって考えるという時間やプロセスが、実はムダであり、報われな

いことが多いので解かずに読むことを勧めているのです。

⬇⑮うんうん考えるのは時間のムダ　過去問は解いてはいけない！

なぜなら、考えるにしても、**必要な知識がないとムダな時間が増えるからです。**

極端な例を挙げましょう。もし、われわれが日本語を知らなければ、過去問にどう取り組むでしょうか？　ウンウンと考えるでしょうか？　そうはしませんよね。問題を考えるよりも、「さっさと日本語を勉強しろ！」ということになると思います。

これはちょっと極端ですが、考えるといっても、そこでは多かれ少なかれ知識を使っているのです。

たとえば、数学の「できる」人というのは、数学の知識が豊富です。はたからみていると、「頭がいい」「思考力が優れている」という表現をしがちですが、よくよく考えてみると、知識が多いだけということもよくあるのです。

基本的な知識がない人、少ない人が、一生懸命考えて解こうとするのは、道具や武器を持たずに何かに取り組もうとするのと同じことです。まずは、わからなければ解答・解説を見て、少しでも道具や武器を持ってから戦えばいいのです。

夏子

すると、すぐに解答・解説を読んでもいいんですね？

宇都出

もちろんです。問題文よりも解答・解説のほうが読みやすい場合もあるので、問題文は飛ばして、いきなり解答・解説を読んでも構いません。

たとえば、具体的な事例を扱った問題などは、問題文のほうが長くなりがちです。解答・解説のほうが抽象的な知識のため、短くなり、読みやすいことも多いんです。

でも、最初に解答・解説を読んでしまうと、問題が問題でなくなるといいますか、勉強効果がなくなる気がしますが……。

それはよく聞かれますが、そんなことはありません。

むしろ、問題集を解くことを中心に行なうと、正解できたか、間違ったかというところだけに焦点が当たり、肝心の解答プロセスや解答するための「押さえるべき知識」がなおざりにされてしまいます。択一式の場合、答えを当てるための「当てモノ」のようにもなりがちです。

いきなり、解答・解説から読んでもいいの？

確かに、それでは勉強になりませんね。
ただ、現実的には、選択肢の文章の言い回しなどからも判断することが求められるのではないでしょうか？
多くの試験勉強本では、そういうテクニックにもページが割かれていますが……。

もちろん、本番ではそういったテクニックも使って、点数を取ることは大事ですよ。しかし、試験勉強の段階ではそういったことに時間を使うのではなく、正しいか間違っているかをきちんと判断できる知識を押さえ、それを記憶・理解することが大切です。

解説

出すから入る

資格試験の予備校のカリキュラムを見ると、多くの場合、前半が「インプット期」、後半が「アウトプット期」と位置づけられています。

そして、インプット期ではテキストを使って知識を文字どおり入れていく、アウトプット期では過去問演習、答練（答案練習）や模試などで出していくというように、インプットを先にアウトプットをあとにしています。

出そうにも何かなければ出せないわけですから、まず入れようというのは至極もっともな発想に思えます。しかし、すでに3ステップ記憶勉強術を学んできたあなたは、インプットが先でアウトプットがあとというだけではないことはおわかりですよね？

インプットするためにも受け皿がないときちんと入ってきませんし、その受け皿を作

問題集は
テキスト
だと思え

るためには、アウトプットする（思い出す）ことで自分自身の現状と向き合うことが必要なわけですから。 ➡33アウトプットが先だ　読む前に口に出せ　読んだら口に出せ

そんな3ステップ記憶勉強術では、過去問などの問題集も単純にアウトプットするものとはとらえません。いきなり過去問に取り組み、場合によってはテキストには取り組まないわけですから、**問題集はインプットの材料でもあるわけです。**

3ステップ記憶勉強術において、問題集は内容自体の知識とともに、それがどういうふうな問われ方をするかという情報も含んだ「テキスト」としてとらえることになります。

もちろん、テキストといっても、それは単純にインプットのための教材とはなりません。「思い出す」→「問いに変える」→「ざっくり読む」という3ステップによって、アウトプットとインプットを常にくり返しながら、アウトプットとインプットを同時並行で行なっていくための教材となるのです。

テキスト＝インプット、問題集＝アウトプットというとらえ方は、従来の勉強法の枠組みです。3ステップ記憶勉強術は、そんなとらえ方自体を崩していくものなのです。

夏子

とりあえず小見出しを拾って読んでいますが、
これでだいぶ整理されてきますね。

宇都出

目次を回転しているときには、「あれ？　これってどういうこと？」
と思っていたことが、
少し、「あぁ、そうか！」とわかってきた部分があるからでしょう。

そうなんですよね。大きな骨組みができてくるというか。
目次を回転しているときにも感じましたが、
ＦＰ３級という建物を外から大きく眺め、
骨組みを組み立てている感じです。

いいですね。そうやってだんだんと組み立てて、
細かいところを作っていくのが、この３ステップ記憶勉強術です。

なんだかいい加減な勉強法だと思っていましたが、
正攻法の勉強法なんですね。
もっと力技で覚えていく勉強法かと勘違いしていました。

小見出しの次に読むのは？

過去問中心で問題を解かないで読むというと、
何か丸暗記する勉強法と誤解されがちなんですよね。

そうそう、「ざっくり読む」ですが、小見出しを読んでいくのは
いいんですが、これから先はどうするんですか？　問題文や選択肢、
そして解答・解説の文章を読んでいく必要はあると思うんですが……。
こうやって眺めていれば、
自然と記憶・理解できるようになるんでしょうか？

ただ眺めているだけでは、記憶・理解できませんよ。もちろん
ここでも、3ステップ記憶勉強術の3つのステップ、「思い出す」→
「問いに変える」→「ざっくり読む」を使っていきます。

解説

キーワードを読む

目次に出てくる章タイトルや節タイトル、さらには、目次には出ていない小見出しなどは、書体や色、大きさが本文とは明確に違うので、「ざっくり読む」際のガイドになります。

これまでだったら、いきなり問題文を読んだり、選択肢を読んだりしていたところを、とりあえずタイトルや小見出しだけ読むようにするのが、最初のポイントです。

なお、もしあなたが関連知識をすでに持っていて、ラクに読めるのであれば、ムリして小見出しだけに留めておく必要はありません。先ほどいったように、「じらす」という要素は入れつつも、さっさと問題文や選択肢、解答・解説を読んでいけばいいのです。

ただし、関連知識のストックがないのにがんばって読むのは厳禁です。とりあえず、

小見出しを
問いに変えて
本文につなぐ

小見出しまでのざっくり読みやすいところから回転させて、「思い出す」→「問いに変える」→「ざっくり読む」のステップをくり返していきましょう。

で、小見出しを思い出せて、問いに変えられたら、いよいよ、問題文や選択肢、解答・解説に入っていきましょう。

小見出しを問いに変えてくり返し、その問いを持った状態で本文を読むと、何かしら引っかかっていく文章、言葉が出てきます。そういう**ラクに読める文章や言葉を読んでいけばいいのです。**

➡⑰前からやらなくてもいい　得意だ・興味があるところから始めろ！

その場合、引っかかってくるのは、いわゆるキーワードといわれる言葉だったりします。そして、それを含む文章をラクに読めるのであれば読めばいいですが、ムリに読む必要はありません。そのキーワードをサインペンで囲めばいいだけです。

そして、また「思い出す」→「問いに変える」→「ざっくり読む」のステップをくり返していくのです。

なお使用するペンは、私はプロッキーなどの太い水性ペンをお勧めしていますが、消せるフリクションペンなどを使ってもかまいません。

夏子

宇都出 いまは小見出しを読んでいるんですね。

夏子 ええ、そうです。マーケット環境の理解とか、あとは債券や株式、投資信託などが並んでいます。

宇都出 お気づきだと思いますが、もう「思い出す」のステップに入っていますね。

夏子 確かに……。それで、次は「問いに変える」ですね。「マーケット環境の理解って?」とか「債券とは?」とか「株式とは?」という問いに変えていくと……。

宇都出 これはテキストではなく過去問なので、「マーケット環境の理解では何が問われるんだろう? どんな問題なんだろう?」という問いになるかもしれません。

夏子 なるほど……。ただ、見出しだけを読もうとは思ったのですが、本文の無担保コールなんていう言葉が目に入ったんですが。

いいですよ。見出しだけを読もうとか限定する必要はありません。
自然と気になる言葉や文章は読んでいけばいいのです。
見出しというのは、単なるツールですから。

それでいいんですね。
見出しだけ読まなきゃいけないと思うと、きつくて……。

とにかく大事なのは、読む気がするところを読むことです。
そして、読む気がしないところは、
「ここはまだ読む気がしないなぁ」と思って確認しておくことです。
見出しは、読みやすければ使えばいいというだけです。

そんないい加減な読み方でいいんですね？

**こんな
いい加減
でいいの？**

解説

われわれの「脳」は「いい加減」

「ざっくり読む」ことの３つの理由

夏子さんから「いい加減な読み方」といわれてしまいました。「ざっくり読む」とか、「読む気がするところを読む」という「いい加減」な表現ばかりですからね。

ただ、これは本当に大事です。

「いい加減」ではない３つのきっちりした理由があります。

１つめは、勉強する際になくてはならない「脳」が「いい加減」だからです。

脳は物事を大雑把にとらえ、記憶・理解することは得意ですが、いきなり細かい情報を正確に記憶・理解することは苦手なのです。➡㉕「分ける」から「わかる」 分けることに専念しろ！

なので、目次も活用しつつ、章タイトルなど大枠から**「ざっくり読む」のは、脳の学習原理に沿った、脳にやさしい理にかなった読み方なのです。**

２つめの理由は、問題集やテキストを読みながら、何が引っかかるか、何を読む気がするかということは、読み手の持つ知識や好みによって左右されるため、一概にはいえないからです。

読むというのは、本と読み手との協働作業なので、読み手の事情を無視できません。なので、「読む気がするところを読む」という読み方にならざるをえないのです。

そして最後の３つめの理由ですが、記憶・理解していくプロセスは、論理的に一本道で進んでいくものではないからです。もちろん、論理的な流れが整理できて理解できるという理解もあるのですが、それだけでは理解になりません。

理解というのは、読み手が持っている知識や経験などの記憶に関連づけられて、そのなかに組み込まれたとき、初めて「わかった！」という理解になります。

２つめの理由のところでも解説したように、読み手の持っている知識や経験はさまざまであり、その理解のプロセスもさまざまであり、何か一律のプロセスで理解できるわけではないのです。

「ざっくり読む」「読む気がするところを読む」というのは、「いい加減な読み方」のようで、実は「良い加減な読み方」なのです。

学 科 ○×式問題　解説

1 無担保コール翌日物金利は，インターバンク市場の代表的な金利。

無担保コール翌日物金利とは，金融機関だけが参加できるインターバンク市場の1つであるコール市場において1日を期限とする超短期の資金の貸し借りをする際の金利です。オープン市場とは，金融機関以外の事業会社なども参加できる市場のことを指します。

▶基本講義 P133　正解×

2 一般的には，景気拡大＝金利上昇，景気後退＝金利低下，である。

景気がよくなると，売上や利益の増えた企業は，店舗の拡大や新たな設備投資をしようとします。そのような企業が増えると，少しくらい高い金利でも借りようとする企業が増えるので，金利上昇につながると考えられます。

▶基本講義 P134　正解○

3 金利の低い国から高い国へ資金が流れ，高金利通貨のほうが高くなる。

他の要因が一定であれば，基本的に金利の低い国から高い国にお金が流れることによって，高金利通貨のほうが高くなっていくのが一般的です。

正解○

4 日本銀行が市場にお金を流す買いオペは，金利低下要因となる。

日本銀行による買いオペレーション（買いオペ）は，日銀がお金を出して市場に流通している債券などを買うことになるので，市中の資金量（マネーストック）を増加させ，金利の低下を促す効果があります。

	マネーストック，マネタリーベース（お金の流通量）	市中金利
買いオペ	増加	低下
売りオペ	減少	上昇

▶基本講義 P137　正解○

5 CI の一致指数の上昇は景気拡張局面である。

景気に敏感な経済指標を集めて算出している景気動向指数のうち，コンポジット・インデックス（CI）は，景気の方向感だけでなく，量感や質感も捉えられるとされています。景気の動きと一致して動くとされる一致指数が上昇しているときには，景気の拡張局面だと判断されるのが通常です。

▶基本講義 P129　正解○

第1章 ライフプランニングと資金計画
第2章 リスク管理
第3章 学 科 金融資産運用
第4章 タックスプランニング

89

読む気のするところを読む

実務教育出版

問題や解答・解説の文章もざっくり読みます。とりあえず問題だけ、解答・解説だけ読む、引っかかった言葉、主語だけ読むなど。気になった言葉を○で囲んだりして書き込むのも効果的です。

夏子さんが読んで書き込みはじめた過去問集の本文

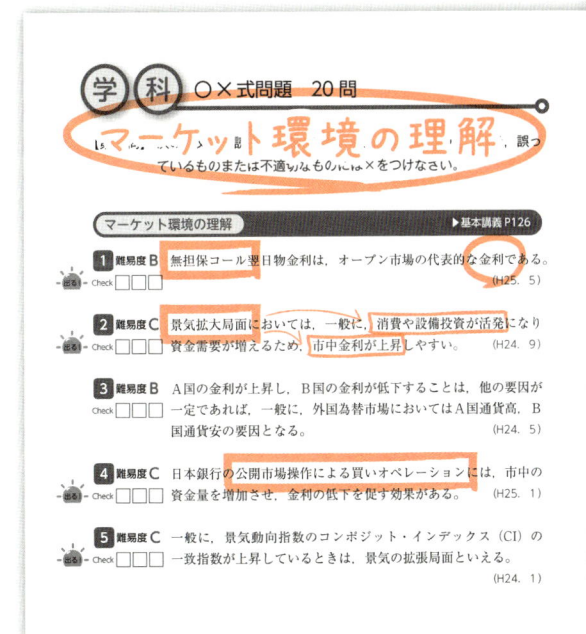

学 科 ○×式問題　20問

マーケット環境の理解

…，誤っているものまたは不適切なものには×をつけなさい。

マーケット環境の理解

▶基本講義 P126

1 難易度B　出る！　Check □□□
無担保コール翌日物金利は，オープン市場の代表的な金利である。

(H25. 5)

2 難易度C　出る！　Check □□□
景気拡大局面においては，一般に，消費や設備投資が活発になり資金需要が増えるため，市中金利が上昇しやすい。

(H24. 9)

3 難易度B　Check □□□
A国の金利が上昇し，B国の金利が低下することは，他の要因が一定であれば，一般に，外国為替市場においてはA国通貨高，B国通貨安の要因となる。

(H24. 5)

4 難易度C　出る！　Check □□□
日本銀行の公開市場操作による買いオペレーションには，市中の資金量を増加させ，金利の低下を促す効果がある。

(H25. 1)

5 難易度C　出る！　Check □□□
一般に，景気動向指数のコンポジット・インデックス（CI）の一致指数が上昇しているときは，景気の拡張局面といえる。

(H24. 1)

88

引っかかった言葉を○で囲む

夏子

読む気がするところ、というのであれば、
無担保コールという言葉に引っかかって読み始めたとしても、
それ以降の言葉は読まなくてもいいということですか？

宇都出

それ以降の言葉は読む気がしないということですか？
そのあとは、「翌日物金利は、オープン市場の代表的な金利である」
と続きますね。

まぁ、短い文章ですから、読めと言われたら読めますが、
ちょっときついです。

それならば、読まなくていいですよ。では、
もうそのページには読む気がするところはないということですか？

うーん。もうこの文章をくり返し読んでいるので、
「翌日物金利」や「オープン市場」という言葉もスッと読めるように
なっています。ただ、最初は、せいぜい、
文章の最後の「金利である」ぐらいでした。

積極的に飛ばして読んでいいんだ!!

それでいいですよ。「無担保コール、それから……金利である」という感じで、「無担保コールなんていうのがあるんだ、それは金利の話なんだ」ぐらいにとりあえず押さえればいいということです。

ほんと、いい加減ですね（笑）。飛ばし読みしてＯＫということですね。

飛ばし読みは、ドンドンしてください。これはいい加減ではなく、良い加減ですから（笑）。実際、そこでがんばって読もうとしても、脳は読んでいません。さらにがんばることで、せっかく引っかかったキーワードもあいまいになってしまいます。

解説

言葉になじむ

本文のなかで読む気がする言葉、引っかかる言葉というのは、よく慣れた言葉（たとえば「金利」）もあれば、いわゆる専門用語など知らない言葉（たとえば「無担保コール」）の場合もあります。

知らない言葉であれば、その言葉を読むだけで脳は一杯一杯になり、それ以降の言葉を読む気がしなくなることはよくあります。そこをムリして、さらにがんばって読もうとしないことがポイントです。

とりあえず、「無担保コール」という言葉だけを押さえて、さらにムリをして次の言葉や文章を読もうとがんばらないことです。もちろん、ラクに読めたら読めばいいのですが、ムリすると、せっかくとらえた「無担保コール」という言葉も混乱して消えてい

「ウッ」と詰まったらすかさず飛ばす

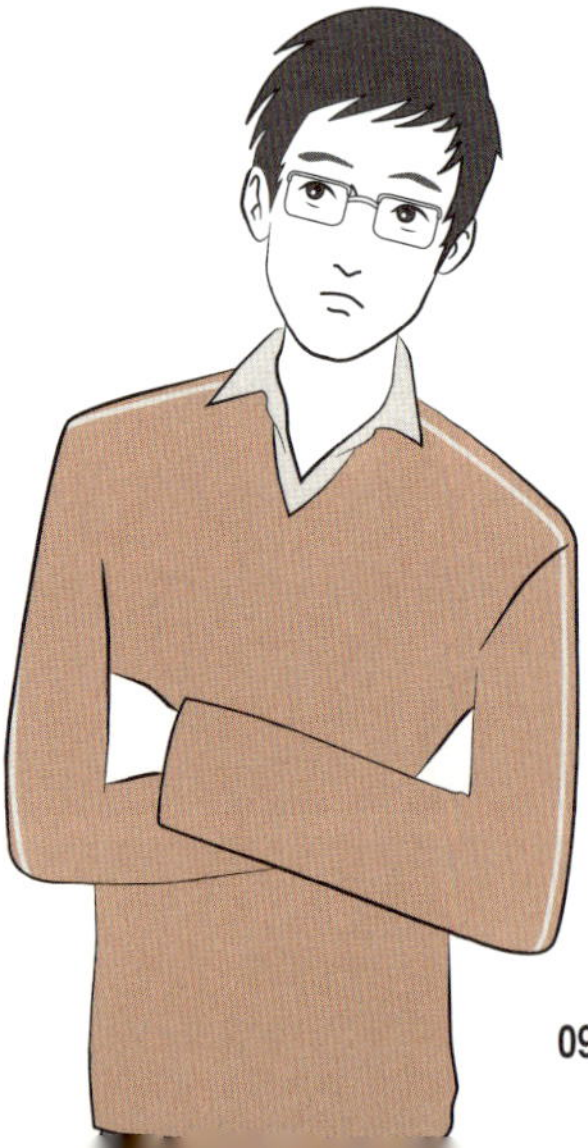

ってしまいます。

しかし、文章を見るとこれまでの癖が出て、「ざっくり読む」を忘れてついついちゃんと読もうとするんですよね。もちろん、最終的には文章として読むことは必要なんですが、「ウッ」と詰まって、頭も受け付けないなかでがんばって読んでも報われません。**文章として読むのは、出てくる言葉になじんでラクに読めるようになってからで遅くはありません**し、そのほうが効果的です。

➡㉓慣れが理解を助ける　「わかる」の前にまず「なじむ」！

そして、次の問題に移ると、さっきまで「ウッ」となって一杯一杯な感じになっていた頭が少しラクになって、読む気のする言葉が見つかることもあります。たとえば、次の文章の冒頭の「景気拡大局面においては」という言葉がラクに読めるといった具合です。

さらに、このページの2つの問題を読んで、3つめ以降の問題はもう一杯一杯で読む気がしなくても、ページをめくると、ちょっと頭がラクになってまた読む気がしてくる場合もよくあります。

このように本文に入っても、文章にとらわれず「ざっくり読む」ことが、ラクに止まらずに読むために重要になります。

夏子

いま気づいたんですが、
長い文章であれば主語と述語だけをとりあえず読む、
というのも「ざっくり読む」の一つですか？

宇都出

おぉ、なかなか鋭いですね。

はい。それも「ざっくり読む」の一つですね。
私は「内容」より、まず「構造を読む」といっていますが、
主語と述語をとらえるのは、そのなかの一つの読み方になります。

使われている言葉や内容は難しそうでも、日本語ですから、
どれが主語でどれが述語かぐらいはわかりますからね。

はい。とりあえず、主語と述語がわかったり、
その言葉をペンで囲んで結んでおくと、
次に読むときには一目でわかりますから、
そのほかの部分に意識を向ける余裕ができます。

そのほかの部分って、何ですか？

「構造を読む」って、何？

ちょっとわかりにくかったですね。たとえば、最初に読んだときは主語と述語という形でしかとらえられなかったところが、内容にも意識が向いたり、さらにはその文章のなかにある条件を説明した部分に意識が向いたりといったことです。

確かに言葉になじむからかもしれませんが、意味がスッと入ってきたりします。条件というのは、たとえば、「……の場合」とか、「……であれば」といった部分ですね。

そうです、そうです。主語、述語より先に、そういった部分が目に留まれば、そこをペンで囲んでおくのもいいですよ。

解説

構造を読む

「現代文」「英文読解」の読み方

「ざっくり読む」には、いろいろな読み方が含まれています。

◎本文より前に目次を読む。

◎本文（文章）より、まずタイトル・見出しを読む。

◎気になる言葉だけを読む（飛ばし読み）。

そして、これから解説する、

◎「内容」より、まず「構造」を読む。

これは高校の授業でいえば、「現代文」で習っている読み方ですが、それよりも英語の授業を思い出してもらったほうがいいかもしれません。

英文和訳や英文解釈の問題などで、どれが主語でどれが述語かをまず分析した覚えは

ありませんか？　長い文章や関係代名詞やら条件節やらが入り組んだ文章であれば、まずは文章の「構造」を分析したと思います。

これを日本語の文章、それも短い文章であっても、あえて行なうというのが、この「構造を読む」という読み方です。

⬇㉖接続詞に注目！　「内容」より「構造」をまずとらえろ

ただし、難しく考える必要はありません。ここも「ざっくり読む」の一環ですから、「読む気がするところを読む」ためのものです。

「構造」とはいえ、読む気がしないところは、一生懸命考えて読む必要はありません。ただし、夏子さんも話しているように、内容ではなく「構造」に意識を向けると、内容が難しくて読む気がしなくても、構造であれば読む気がして、「これが主語だなぁ」とか、「ここで条件を説明している」といったことがラクにわかったりします。そこを「ざっくり読む」わけです。

そして、**読めたところは○で囲んだり、斜線を入れて文章を区切っておきましょう。**

そうすることで、次に読むときはもっとラクに読めるようになります。

夏子

そのほかに、「構造を読む」読み方はあるんですか？

宇都出

たとえば、いくつもの文章が改行もなくつながって、びっしり文字が詰まった段落などは、あまり読む気がしませんよね。その場合、構造を読むとしたらどうします？

ええ、構造ですか……。
文章が切れるところで斜線を入れるとかですか？

そのとおりです！

そうやって読みにくいところは読みやすいように、自分なりに編集する感覚です。改行を入れると文章は読みやすくなりますが、本に改行はできないので、ペンで斜線を入れてしまえばいいんです。

読みやすいように編集する、というのは新鮮です。自分仕様に加工すればいいんですね。

そのほか、見出しが読みにくかったら、〇で囲んだりするのも

読みやすいように編集していいの？

そうですし、新たに自分なりの見出しを付けるのも一つです。
キーワードを○で囲むのも、
小見出しを作っているのと同じ効果があります。

これまでは問題集やテキストを読む気がしなくても、
本に合わせてがんばって読もうとしてきましたが、
逆に自分に合うように変えてしまえばいいんですね。

ノートは、自分の好きなように取りますよね。
問題集やテキストもノートだと思えばいいんです。
しかも、かなりの部分はすでに書いてもらっているノートです。
そう思えば、ラクでしょう。

解説

構造を書く

編集のチェックポイントは?

「ざっくり読む」のなかで、とりわけ「構造を読む」場合は、読むと同時にあれこれ書き込むことが大事になります。

○で囲んだり、アンダーラインを引くことは、よく行なわれますが、そのほか、長い文章のなかの区切りや、文章と文章の間に斜線を引いておくことで、文章は一気に読みやすくなります。➡41テキストはノートだ　ノートは作らずテキストに書き込め！

たとえば、二ケタの数字同士のかけ算を計算するとき、暗算の得意な人は別として、普通の人にはけっこうきついですよね。でも、メモ用紙に筆算で計算したり、途中の数字を少し書きとめておければ、かなりラクに計算できると思います。

文章にあれこれ書き込みをするのは、これと同じようなことを行なうことなのです。

そうすることで**脳のメモリが解放され、より内容を理解するほうに使えるのです。**

知っている内容であれば、長い文章や改行なしの長い段落でもラクに読めるとは思いますが、未知の分野や知らない知識であれば、構造を読んで、読みやすく編集することが効率的なのです。

なお、夏子さんが取り組んでいるＦＰ３級の過去問集の問題文、選択肢、解答・解説にはほとんどありませんが、見出しもなく長い説明が延々と続く場合に、「構造」で読む際のポイントになるのが「接続詞」です。

接続詞は、「そして」「しかし」「なので」「だから」「とはいえ」「たとえば」などなど、文章の初めに付いて前の文章とこれからの文章との関係を明確にしてくれます。

この接続詞に注目することで、内容がすぐにはわからなくても、文章の流れといった「構造を読む」ことができます。そして、接続詞を○で囲んだり、接続詞同士を矢印で結べば、「構造を書く」ことになります。

なお、これには英語の長文読解におけるパラグラフ・リーディングの方法がそのまま使えます。難しいテキストや問題集も、英語の文章だというぐらいに思えばかなり取り組みやすくなるでしょう。

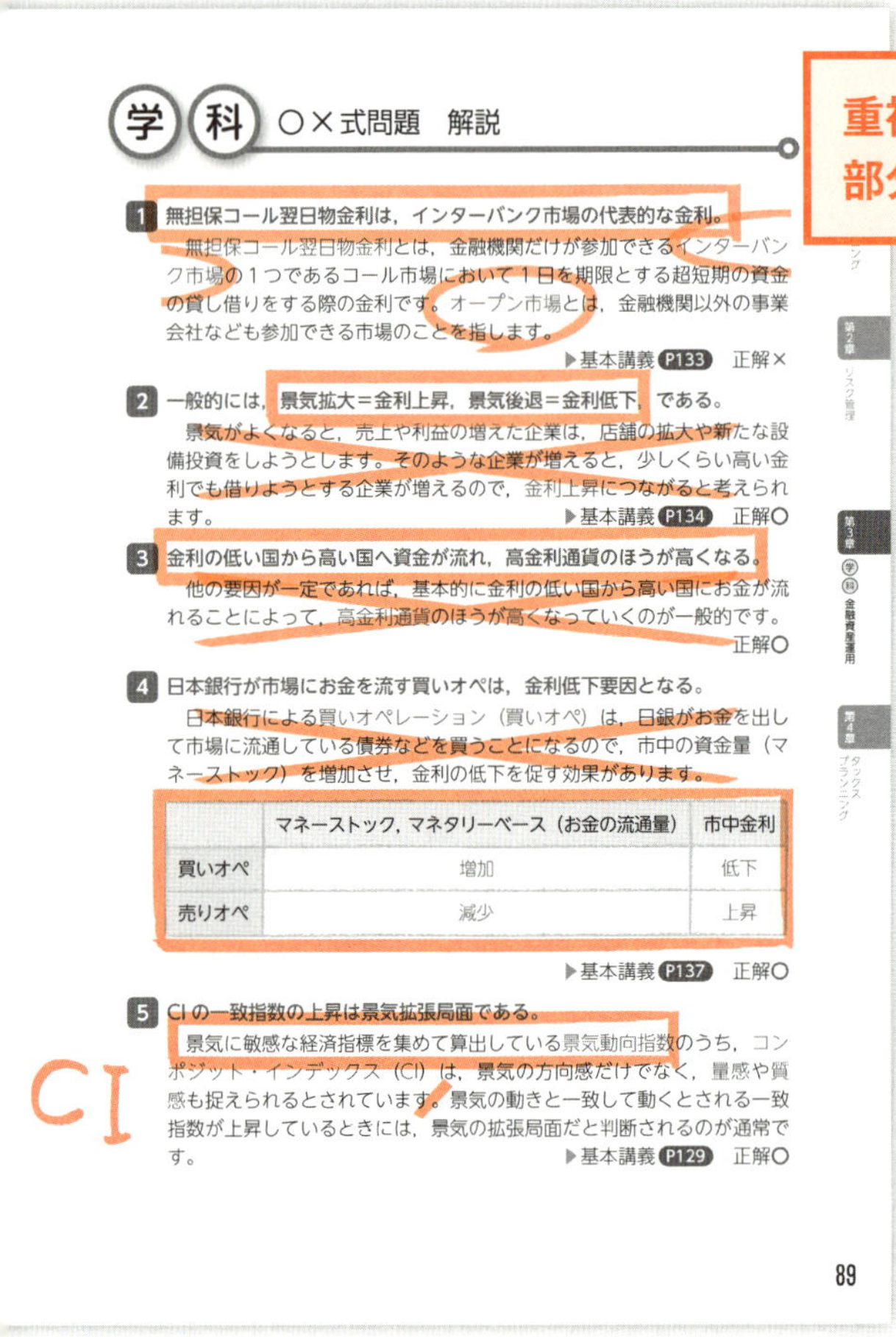

学 科 ○×式問題　解説

1 無担保コール翌日物金利は，インターバンク市場の代表的な金利。

無担保コール翌日物金利とは，金融機関だけが参加できるインターバンク市場の１つであるコール市場において１日を期限とする超短期の資金の貸し借りをする際の金利です。オープン市場とは，金融機関以外の事業会社なども参加できる市場のことを指します。

▶基本講義 P133　正解×

2 一般的には，景気拡大＝金利上昇，景気後退＝金利低下，である。

景気がよくなると，売上や利益の増えた企業は，店舗の拡大や新たな設備投資をしようとします。そのような企業が増えると，少しくらい高い金利でも借りようとする企業が増えるので，金利上昇につながると考えられます。

▶基本講義 P134　正解○

3 金利の低い国から高い国へ資金が流れ，高金利通貨のほうが高くなる。

他の要因が一定であれば，基本的に金利の低い国から高い国にお金が流れることによって，高金利通貨のほうが高くなっていくのが一般的です。

正解○

4 日本銀行が市場にお金を流す買いオペは，金利低下要因となる。

日本銀行による買いオペレーション（買いオペ）は，日銀がお金を出して市場に流通している債券などを買うことになるので，市中の資金量（マネーストック）を増加させ，金利の低下を促す効果があります。

	マネーストック，マネタリーベース（お金の流通量）	市中金利
買いオペ	増加	低下
売りオペ	減少	上昇

▶基本講義 P137　正解○

5 CI の一致指数の上昇は景気拡張局面である。

CI

景気に敏感な経済指標を集めて算出している景気動向指数のうち，コンポジット・インデックス（CI）は，景気の方向感だけでなく，量感や質感も捉えられるとされています。景気の動きと一致して動くとされる一致指数が上昇しているときには，景気の拡張局面だと判断されるのが通常です。

▶基本講義 P129　正解○

ング

第2章 リスク管理

第3章 学 科 金融資産運用

第4章 タックスプランニング

89

重複する／不要な部分は消す

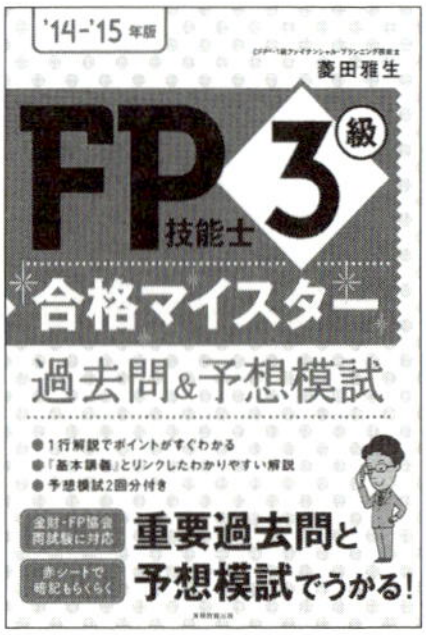

実務教育出版

読みやすいように書き込むことで、だんだんと細かいところに入っていけます。同時に、重複する部分を消したり、押さえるべき大事な部分を囲んだりして、読む部分を減らしていきましょう。

夏子さんが読んで書き込んだ過去問集の本文

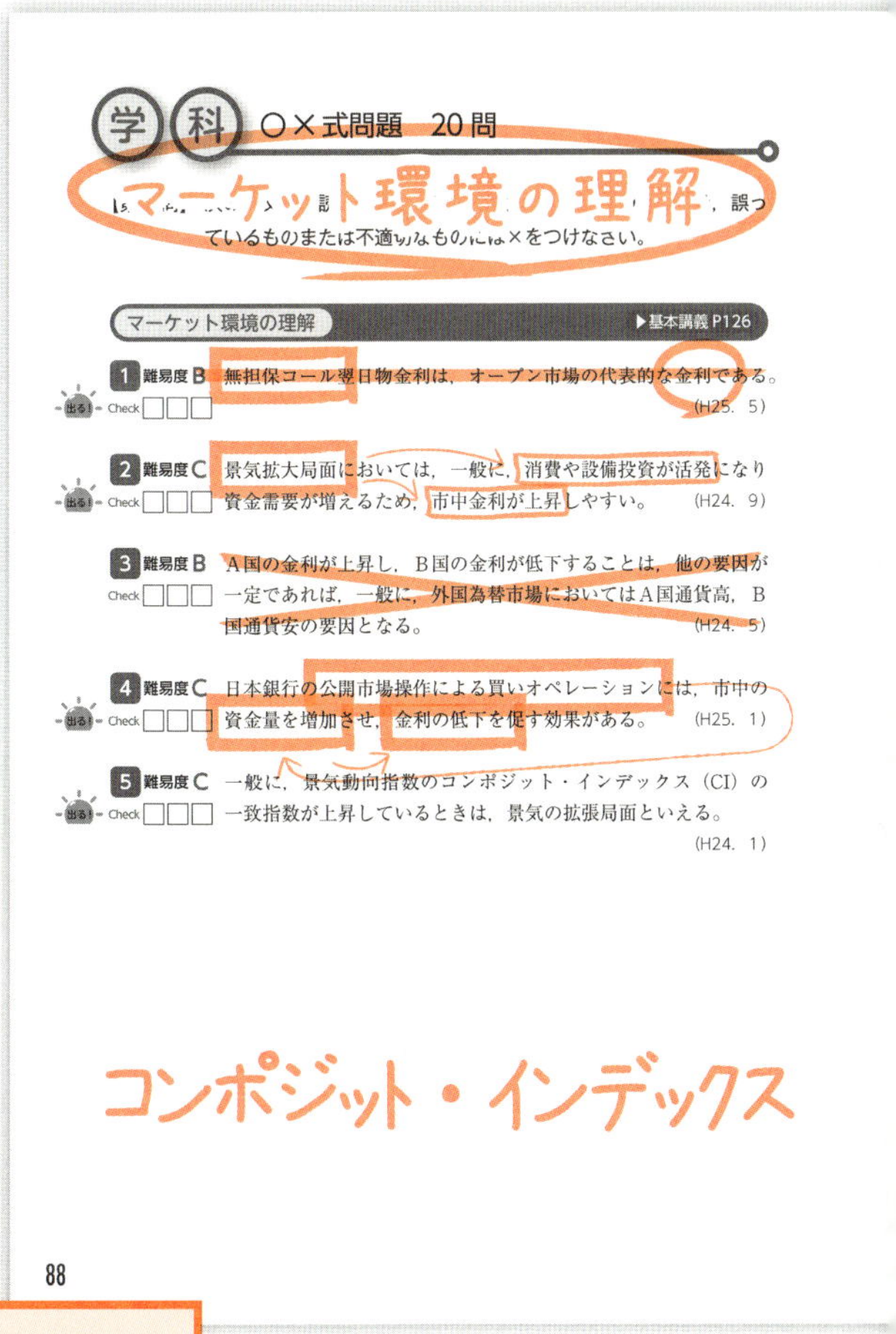

学 科 ○×式問題 20問

…誤っているものまたは不適切なものには×をつけなさい。

マーケット環境の理解 ▶基本講義 P126

1 難易度B Check□□□
無担保コール翌日物金利は，オープン市場の代表的な金利である。（H25. 5）

2 難易度C Check□□□
景気拡大局面においては，一般に，消費や設備投資が活発になり資金需要が増えるため，市中金利が上昇しやすい。（H24. 9）

3 難易度B Check□□□
A国の金利が上昇し，B国の金利が低下することは，他の要因が一定であれば，一般に，外国為替市場においてはA国通貨高，B国通貨安の要因となる。（H24. 5）

4 難易度C Check□□□
日本銀行の公開市場操作による買いオペレーションには，市中の資金量を増加させ，金利の低下を促す効果がある。（H25. 1）

5 難易度C Check□□□
一般に，景気動向指数のコンポジット・インデックス（CI）の一致指数が上昇しているときは，景気の拡張局面といえる。（H24. 1）

88

なじみにくい言葉は太く大きく書く

夏子

ざっくり読んでいくのであれば、本当に気楽にどんどん読めますね。

宇都出

いい調子です。読む気がするところは、「構造」までみれば、たいてい見つかるものでしょう？　こうなると、もう止まったり投げ出したりすることがなくなる、とまではいいませんが、少なくなります。

そうですね。ただ休みたくはなりますね。止まらないので、休む暇がないですから。

おっ、気づかれてしまいましたね。

実はこの３ステップ記憶勉強術は、気楽な勉強法のようで、実はかなり中身の濃い、きつい勉強法なんです。

やっぱり……。思い出すや問いに変えるであれば、いつでもどこでも勉強できますもんね。逆に勉強できない言い訳ができなくなってきついです……。

もちろん、勉強しないことを選んでもらってもいいですよ。

ただし、そのときに、「時間がないから」とか
「手元にテキストがないから」といった言い訳をしないことです。
「休みたいから休む」などの積極的な理由で
勉強しないことを選んでください。

わかりました。これまでは勉強しているんだか、
していないんだか、わからない時間が多かった気がします。
これからはメリハリがつけられそうです。

また、3ステップ記憶勉強術では、思い出すことで、
自分がどこまでわかっているのか、
覚えているのかが常に明確になるため、
どこまで勉強できているのかが一目瞭然になります。
これも最初はきついかも……。

解説

濃く・きつい勉強法

3ステップ記憶勉強術は、いつでもどこでも、そしてすぐに勉強できます。このため、なかなかまとまった勉強時間が取れないという忙しい社会人でも実践できます。

同時に、夏子さんもいわれているように、気楽な勉強法のようでいて、かなり中身の濃い、きつい勉強法です。ムダな時間をできるだけなくしているからです。

また、もうひとつ別の「きつさ」がある勉強法です。

「思い出す」ことによって、何がわかっているのか、何を覚えているのかが浮き彫りになり、自分自身の現状と常に向き合わされるからです。

➡❼計画よりも大事なこと　目的地と現在地を知る！

人は「忘れる生き物」です。覚えたと思っても、すぐに忘れてしまいます。また、読

んでいるときは「なるほど！」と思っても、いざ、それを自分で説明しようとすると説明できない、つまり「わかったつもり」が多いのです。

従来の勉強法のように最初にインプット、後半でアウトプットといっても、インプットしたつもりになっている場合が多く、答練や模試を受けて初めて自分の現実と向き合うことがほとんどです。さらには、試験本番当日に、インプットしたつもりのものがインプットできていないことに気づくこともよく起こります。

このため、「あれだけがんばったのに……」とか「睡眠時間を減らして毎日○時間勉強したのに……」というような、がんばり度や勉強時間ぐらいしか、試験勉強の到達度を評価する軸を持てなくなってしまうのです。

これに対して3ステップ記憶勉強術では、最初から思い出すというアウトプットをしていくほか、ざっくり読むというインプットでも、「読む気がするところを読む」わけですから、とりあえず字面に目を通してわかったつもりになることはありません、

そして、自分自身の現状を常に把握しながら、毎日の勉強のなかで着々とめざす状態までのギャップを埋め続けることができるのです。

Chapter 4

３ステップ記憶勉強術

【基本編】
問題タイプ別の読み方

択一式試験・問題タイプ別の読み方

ここまで取り上げてきたＦＰ３級の過去問は、「正誤問題」と呼ばれる形で、問題文の文章が正しいか間違っているかを判断するものです。

いくつかの選択肢から正解を選ぶ、択一式試験では、この「正誤問題」をベースにしたものが中心になります。たとえば、３つから５つ程度の選択肢が並んでいるのは同じでも、３つのタイプがあります。

①そのなかから正しいもの、もしくは誤っているものを一つ選ぶ問題
②正しいもの、もしくは誤っているものの組み合わせを選択肢のなかから一つ選ぶ問題
③正しいもの、もしくは誤っているものの数を答える問題（個数問題と呼ばれる）

それ以外にも、文章中の空欄に入る適切な言葉を選ぶ「穴埋め問題」、さらにはさまざまな問題が組み合わさった「総合問題」と呼ばれるタイプのものがあります。なお「総合問題」では、具体的な事例の形で問われることが多くなります。

どのタイプに関しても「解く」のではなく「読む」ことと、問題文と解答・解説の区

別なく読んでいくことは共通ですが、タイプごとに気をつけるべきポイントがあります。

「正誤問題」では、問題と解答・解説で重複する部分があるので、○で囲んだり、消したりして、読む部分を減らすことが必要です。また、誤った選択肢については、どういったところが問われているか（引っかけられるか）を押さえておく必要があります。

「穴埋め問題」は問題の空欄に正しい言葉を書き入れてしまい、その文章を覚えていきます。正誤問題と同様、解答・解説にも同じ内容の文章がある場合も多いので、重複する部分を一つに絞り、読む部分を減らすことが必要となります。

「総合問題」は文章の量が多いので、「ざっくり読む」ことが特に大事です。また、具体的事例が書かれた問題文が読みやすい場合と、定義や計算式など抽象的知識が書かれた解説が読みやすい場合とがあるので、読む順番にこだわらないことも必要です。

　また、具体的事例の詳細を覚える必要はなく、覚える必要があるのは抽象的知識であること、同時に、具体的事例からどの抽象的知識を使うかが思い出せないといけないので、こういった点を意識していく必要があります。

　次ページからＦＰ３級の実際の過去問を例に、それぞれの問題タイプごとにどのように読むのか、どのように書き込むのかを具体的に解説していきます。

正誤問題

正誤問題を読んでいくと、問題文や選択肢、そして解答・解説のなかで重複する部分があることに気づかれるでしょう。正しい文章が解答・解説に書いてあり、問題文が正しい文章であればそのまま重複していたり、間違った文章であればそれを正しく直せば、解答・解説と同じになったりします。

この場合、重複している箇所は、読む時間が余計にかかるので消します。間違った問題文を正しいものに直して解答・解説の同じ箇所を消したり、間違った問題文そのものを消して、解答・解説の該当箇所を残してそこを読んだりします。

具体的な例を挙げて解説しておきましょう。１１２～１１３ページをご覧ください。

最初の割引債の問題です。

問題文は間違った文章です。このままにして読んでいると間違った知識を覚えてしまうので、どこかの段階で正しい文章に直すか、問題文自体を消して解答・解説だけを読むようにしなければいけません。間違っている問題文を消す場合、どういったところで引っかけられるかを知ることも大事なので、そこを確認したうえで消すことが必要です。

ただし、その作業を焦ると「ざっくり読む」からはずれて、「じっくり読む」ことになりがちなので、すぐに直したり消したりする必要はありません。

おそらく、問題文の「額面より低い価格で発行する債券」の箇所は、「正しいなぁ」ということで残せるでしょう。そして、「無利息」や「利払いがない」という割引債の特徴を押さえてしまえば、問題文の「クーポンレート（表面利率）を高めに設定して」を消して、「無利息で」というように修正することができるでしょう。

そして、問題文の「信用力の低い発行体が」というところは残ります。これについては、解答・解説の最後に「信用力の高さは関係ありません」とズバリひと言で書いてあるので、この「信用力の低い発行体が」は消すことになります。

なお、この割引債の問題を正解するのには不要ですが、割引債とは別の債券の種類である利付債という言葉やその解説は問われる可能性があります。このように関連する知識は、読むところとして残しておきましょう。

解答・解説にある関連知識も押さえる

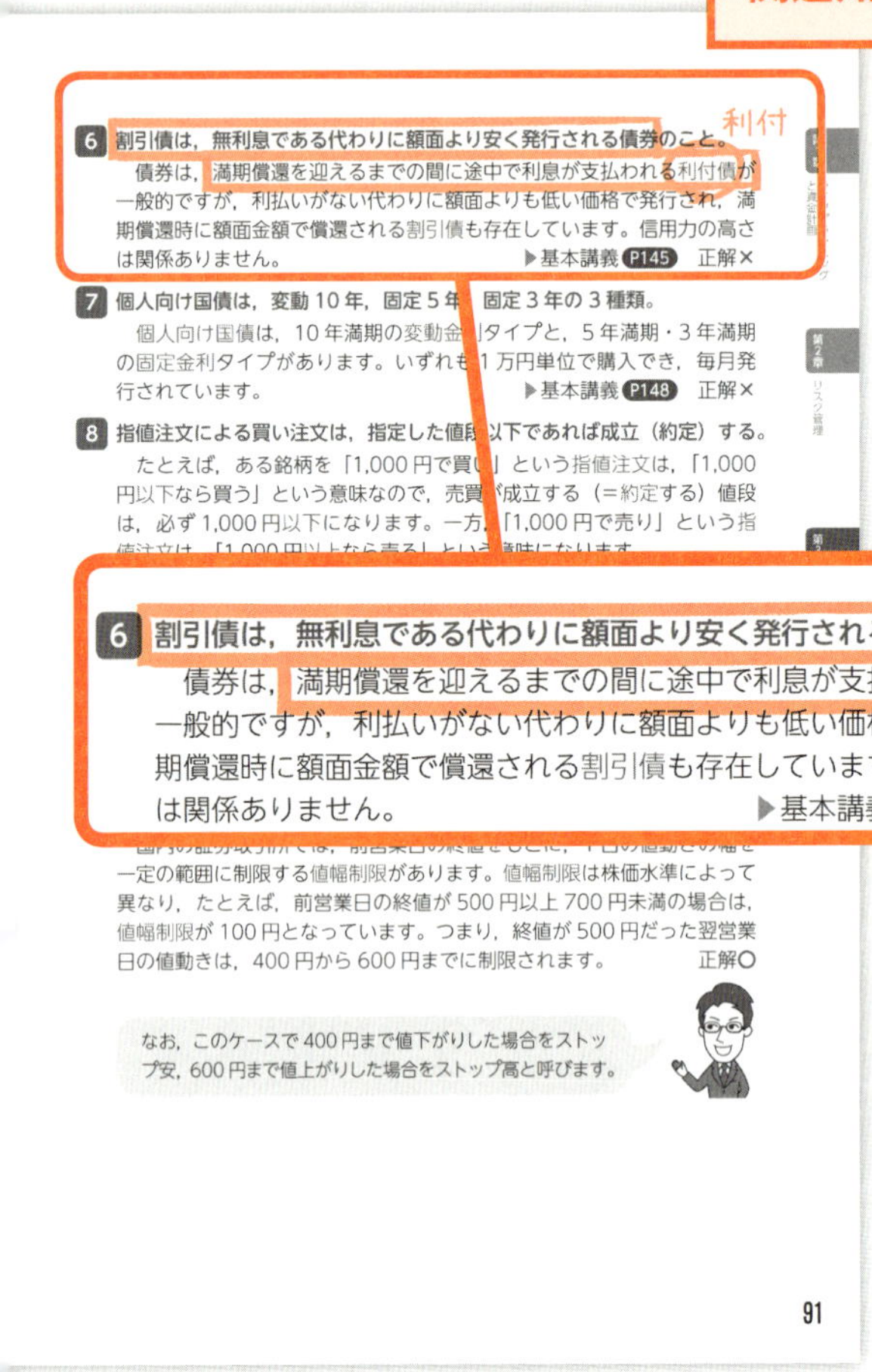

6 割引債は，無利息である代わりに額面より安く発行される債券のこと。　利付

債券は，満期償還を迎えるまでの間に途中で利息が支払われる利付債が一般的ですが，利払いがない代わりに額面よりも低い価格で発行され，満期償還時に額面金額で償還される割引債も存在しています。信用力の高さは関係ありません。　▶基本講義 P145　正解×

7 個人向け国債は，変動10年，固定5年，固定3年の3種類。

個人向け国債は，10年満期の変動金利タイプと，5年満期・3年満期の固定金利タイプがあります。いずれも1万円単位で購入でき，毎月発行されています。　▶基本講義 P148　正解×

8 指値注文による買い注文は，指定した値段以下であれば成立（約定）する。

たとえば，ある銘柄を「1,000円で買い」という指値注文は，「1,000円以下なら買う」という意味なので，売買が成立する（＝約定する）値段は，必ず1,000円以下になります。一方，「1,000円で売り」という指値注文は，「1,000円以上なら売る」という意味になります。

一定の範囲に制限する値幅制限があります。値幅制限は株価水準によって異なり，たとえば，前営業日の終値が500円以上700円未満の場合は，値幅制限が100円となっています。つまり，終値が500円だった翌営業日の値動きは，400円から600円までに制限されます。　正解○

なお，このケースで400円まで値下がりした場合をストップ安，600円まで値上がりした場合をストップ高と呼びます。

91

6 割引債は，無利息である代わりに額面より安く発行される債券のこと。　利付

債券は，満期償還を迎えるまでの間に途中で利息が支払われる利付債が一般的ですが，利払いがない代わりに額面よりも低い価格で発行され，満期償還時に額面金額で償還される割引債も存在しています。信用力の高さは関係ありません。　▶基本講義 P145　正解×

実務教育出版

正解を導くためにはどの知識を押さえる必要があるか？を念頭に読み、書き込んでいきます。ただ、正しいか間違っているかだけでなく、どの部分を引っかけにくるのかを確認しましょう。

正誤問題の読み方・書き込み方

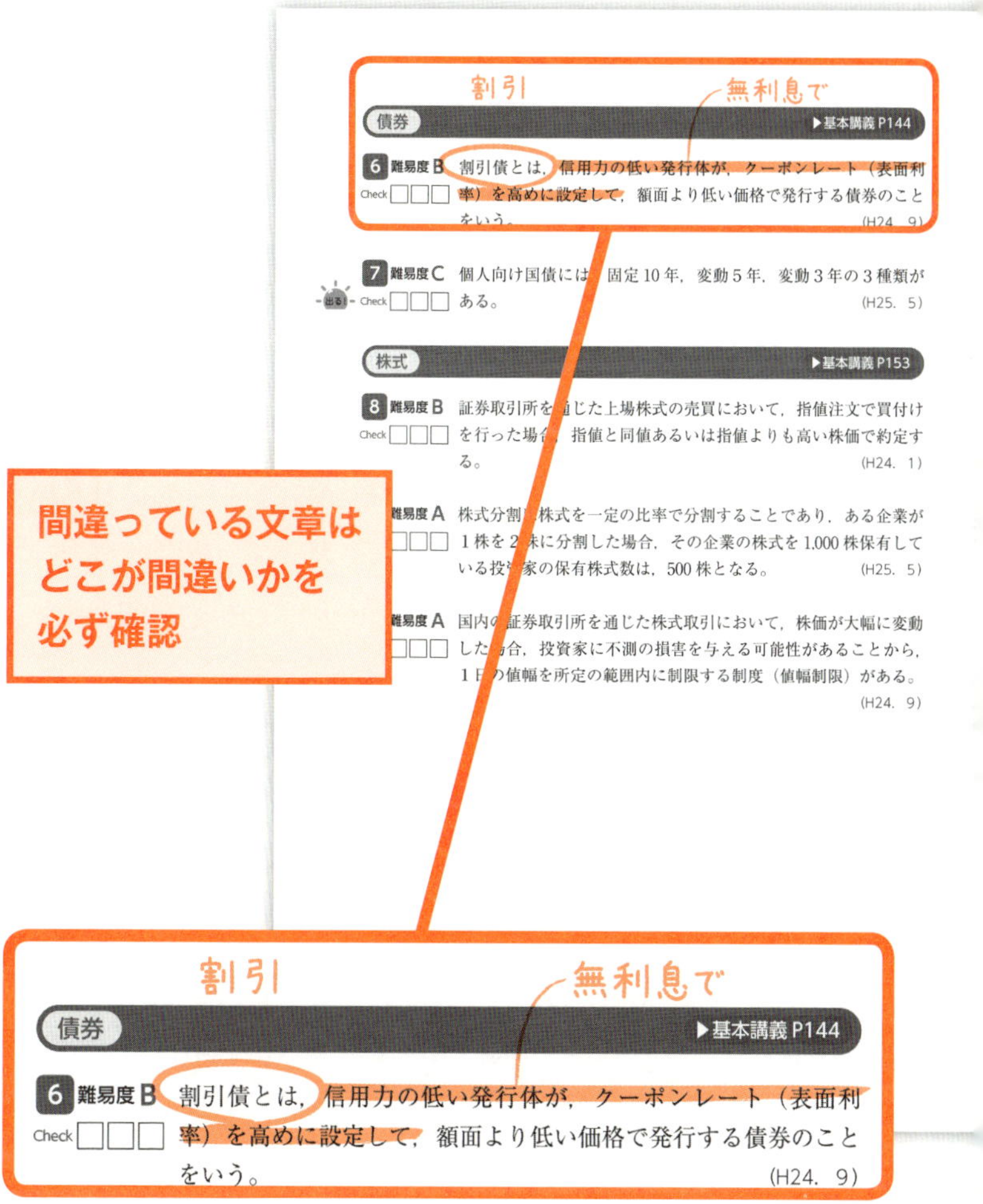
割引
無利息で
間違っている文章はどこが間違いかを必ず確認

債券 ▶基本講義 P144

6 難易度B 割引債とは，信用力の低い発行体が，クーポンレート（表面利率）を高めに設定して，額面より低い価格で発行する債券のことをいう。 (H24. 9)
Check □□□

7 難易度C 個人向け国債には，固定10年，変動5年，変動3年の3種類がある。 (H25. 5)
出る！ Check □□□

株式 ▶基本講義 P153

8 難易度B 証券取引所を通じた上場株式の売買において，指値注文で買付けを行った場合，指値と同値あるいは指値よりも高い株価で約定する。 (H24. 1)
Check □□□

難易度A 株式分割は株式を一定の比率で分割することであり，ある企業が1株を2株に分割した場合，その企業の株式を1,000株保有している投資家の保有株式数は，500株となる。 (H25. 5)
□□□

難易度A 国内の証券取引所を通じた株式取引において，株価が大幅に変動した場合，投資家に不測の損害を与える可能性があることから，1日の値幅を所定の範囲内に制限する制度（値幅制限）がある。 (H24. 9)
□□□

割引
無利息で
債券 ▶基本講義 P144
6 難易度B 割引債とは，信用力の低い発行体が，クーポンレート（表面利率）を高めに設定して，額面より低い価格で発行する債券のことをいう。 (H24. 9)
Check □□□

穴埋め問題

穴埋め問題は、問題文に正しい言葉を入れれば正しい文章になります。そして、これとほぼ同じ文章が解答・解説に書いてある場合も多いため、重複部分は消しましょう。

なお、正しい言葉以外の言葉も試験に出る可能性があるので押さえておきます。

具体例で解説していきましょう。１１６～１１７ページをご覧ください。２つめの問題です。この正解は3)の業況判断ＤＩで、問題文に入れれば正しい文章になります。解答・解説には、「日銀短観」の説明や、業況判断ＤＩの特性も加えて解説されています。

このあたり、どこまでの知識を押さえておく必要があるかは悩みますが、私は少なくとも解答・解説に書いてある関連知識は押さえることをおススメしています。

同じように、正しい選択肢以外の選択肢、具体的には、「景気ウォッチャー調査」や「景気動向指数」という言葉も押さえておきましょう。

間違った選択肢に使われている専門用語の定義が解答・解説に書かれていることも多いですが、この問題集では書かれていません。こういう場合も、「景気ウォッチャー調査とは何か？」という問いに変えてくり返していきます。

ほかの問題の解答・解説でその定義が紹介されていることもありますし、最終的にはテキストで調べたほうがいい場合もあります。なお、そういう場合には、過去問集にその定義を書いておくことがおススメです。情報を一元化しておけば、この1冊を読めば済むというように試験勉強を単純化でき、余計な時間が必要なくなるからです。

次の問題は計算問題なので、選択肢の数字は実質的には意味はなく、大事なことは問題文を読んで、解答・解説に書いてある正しい計算プロセス、計算式が思い出せるかです。言うまでもなく、問題文の1,000,000円、3％、3年間といった具体的な設定を覚える必要はありません。問題文を読んで、これがどういう問題なのか、どういう計算式を適用するのかがサッと出てくるようになれば、問題文のほうは消してもいいでしょう。

なお、解答・解説にはこの問題のパターンである1年複利の計算式だけでなく、1カ月複利や半年複利の計算式も書いてあり、この計算式も押さえておく必要があります。

正解以外の専門用語も押さえておく

学科　3択式問題　解説

1 一般的に，デフレ＝金利低下，インフレ＝金利上昇，となる。

物価が持続的に低下していくことをデフレーション（デフレ）といい，物価が持続的に上昇していくことをインフレーション（インフレ）といいます。物価が下がるのは，モノを欲しがる人が減少する不景気の状態にあると考えられます。そうなると，個人や企業の資金需要も減少し，市中金利も低下傾向になるといえます。　▶基本講義 P134　正解 2

2 日銀短観の業況判断 DI はマーケット関係者の注目度が高い。

日銀短観は，日本銀行が全国の中小企業も含む約 1 万社の企業経営者にアンケート調査を行っているもので，特に，業況が「良い」と答えた企業の割合から「悪い」と答えた企業の割合を差し引いて算出している業況判断 DI は，その数値が景気に少し先行して動いている傾向が認められることから，マーケット関係者の注目度の高い指標となっています。
▶基本講義 P129　正解 3

3 複利の計算は，1 年複利か半年複利か 1 カ月複利かをチェックする。

複利の利息計算式は次のとおりです。

満期時の元利合計（非課税扱いの場合）＝元金 × $(1+r)^n$
r が 1 カ月複利＝年利÷ 12（月利）　n が 1 カ月複利＝月数（年数× 12）
r が半年複利　＝年利÷ 2（半年利）　n が半年複利　＝年数× 2
r が 1 年複利　＝年利　n が 1 年複利　＝年数

年利が 3 %で 3 年間複利運用なので，
$1{,}000{,}000$ 円×$(1+0.03)^3 = 1{,}092{,}727$ 円
となります。

ちなみに，$(1+0.03)^3$ を CASIO 製の電卓で計算する場合，「1.03 ⊠ ⊠ ⊟ ⊟」で計算できます。CASIO 製以外の電卓は ⊠ は 1 回で計算できます。⊟ を押す回数は，累乗したい数値から 1 を引いた回数（3 乗なら 2 回，5 乗なら 4 回）となります。　▶基本講義 P139　正解 2

／景気動向指数

97

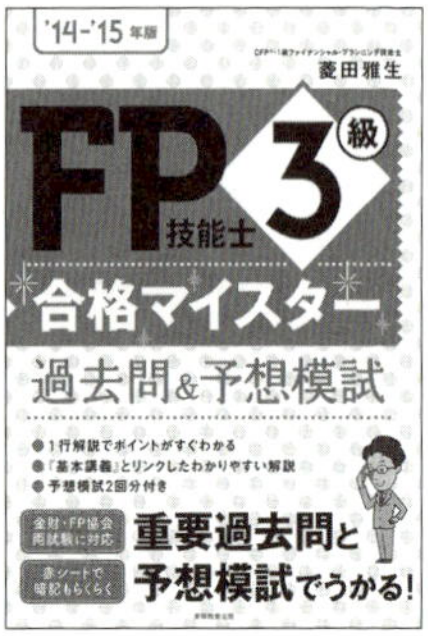

実務教育出版

正誤問題と違ってどこが問われているかは明確ですが、正解以外の選択肢の用語も含めて押さえておくことが必要です。また、計算問題もありますが、解答プロセスをしっかり押さえましょう。

穴埋め問題の読み方・書き込み方

空欄に正しい言葉を書き込む、もしくは示す

学 科　3択式問題　20問

【第２問】 次の各文章の（　）内にあてはまる最も適切な文章，語句，数字またはそれらの組合せを１）～３）のなかから選びなさい。

マーケット環境の理解 ▶基本講義 P126

1 難易度 B　出る！ Check □□□

物価が継続的に下落して，相対的に通貨価値が上昇する（　①　）の経済状況下においては，一般に，資金需要の減少による市中金利の（　②　）がみられる。 (H24．5)

１）①インフレーション　②低下
２）①デフレーション　②低下
３）①デフレーション　②上昇

2 難易度 C　出る！ Check □□□

日銀短観の（　　）は，調査対象の企業が，業況について「良い」「さほど良くない」「悪い」の選択肢から回答し，「良い」と回答した企業の割合から「悪い」と回答した企業の割合を差し引いた数値で表される。 (H24．9)

１）景気ウォッチャー調査
２）景気動向指数
３）業況判断 DI

業況判断DI

貯蓄型金融商品 ▶基本講義 P138

3 難易度 C　出る！ Check □□□

1,000,000円を利率（年率）３％で３年間複利運用（１年複利）した場合，税金や手数料等を考慮しなければ，３年後の元利合計金額は（　　）となる。 (H25．9)

１）1,090,000円
２）1,092,727円
３）1,093,443円

景気ウォッチャー調査

96

総合問題

総合問題は、正誤問題や穴埋め問題に比べると、一気に情報量が増えるため、最初は読む気がしないかもしれません。ですから、まずは正誤問題や穴埋め問題で、「思い出す」→「問いに変える」→「ざっくり読む」のプロセスをくり返しつつ、この分野の用語や知識、言い回しにまずは慣れてから、総合問題に入ったほうがいいでしょう。

また、総合問題を「ざっくり読む」には、「形」に慣れることも大事です。たとえば、次のような読み方でも最初は大丈夫です。

「最初にこういった設例が紹介されていて、次に択一式の問題が３つあるんだなぁ。計算問題も出るんだなぁ」

まずは、これぐらいでいいのです。そして、もちろん解く必要はありません。解答・解説のほうが読む気が起きるのであれば、そちらを読んでもいいでしょう。

では、具体的にＦＰ３級の総合問題を例に解説していきます。１２２ページを参照ください。

私であれば、問題の冒頭に書かれている設例のところは最初は飛ばす可能性が高いですね。こういった具体的な設例のほうが読みやすい方は読んで構いませんが、私は何が問われているかをつかんでからのほうがラクなので。そして、すぐに次のページにいきますが、そこもとりあえず、問1の最初にある「株式投資について」ぐらいでしょうか。ここをサインペンで○で囲んでおきます。いわば、これが見出しになります。「ここは株式投資について聞いている問題なんだ」ということだけ「ざっくり読む」わけです。

そして、これを問いに変えて「株式投資について何が説明のポイントになるだろう？」ということをくり返していけばいいのです。

また、問2の選択肢には、株式投資の専門用語がいくつか出てきます。たとえば1)のＰＥＲ（株価収益率）、2)の配当利回り。これが、気になる単語として引っかかる人もいるでしょう。

もし気になって引っかかれば、ＰＥＲ（株価収益率）、配当利回りをサインペンで○で囲めばいいのです。そして、思い出し、そこも問いに変えて、こういった言葉がすぐに説明できないのであれば、この用語自体を問いに変えて、「ＰＥＲって何だろう？」「配当利回りって何だろう？」という問いをくり返していきましょう。

そして、問いをくり返すなかで、今度は解答・解説のところが読みたくなるかもしれません（１２４ページ参照）。そうすると、解答・解説のところにあるＰＥＲの定義・計算式が気になって、そこを読みたくなります。

そして、そこを読んで、「思い出す」にまた入っていけばいいのです。すぐには、このＰＥＲの式が思い出せないかもしれません。そのときもすぐに落ち込む必要はありません。また問いに変えて、「ＰＥＲってなんだか割り算の式で求めていたけど、何を何で割るんだっけ？」という問いに変えてくり返せばいいだけです。

こうやって、ほんの少しずつでも思い出せることを増やしていけば、だんだんと細かいところも理解・記憶できるようになるのです。配当利回りも同じです。

このＰＥＲや配当利回りの場合、そうやってその言葉の意味や計算式になじんだら、最初の設例の説明のところにある実際の数値を使って計算してみましょう。

計算できるようになれば、最初のページにある設例の数値は消しても構いません。なぜなら、ここにある具体的な数値は覚える必要はありませんから。

ただ気をつけたいのは、解答・解説にある、ＰＥＲや配当利回りの定義や計算式といった知識を記憶・理解したからといって、それで十分ではないということです。実際の試験で出るのは、言うまでもなく問題だけであり、これを見て、そこに必要な計算式が浮かんでくるようにする必要があります。

つまり、こういった具体的設定による問題では設例と知識の紐づけ、つなぎをしっかりとしておく必要があるわけです。そのためにも、問題の設例も最初は読めなくても「ざっくり読む」なかで、だんだんと読めるようになる必要があります。そして、先ほど解説したように、実際にきちんと計算できるかを確認しておく必要があるのです。

こういった点を別にすれば、総合問題であっても、正誤問題や穴埋め問題と同じです。問題文の量や組み合わせを恐れずに、読む気がするところを読むという意識でだんだんと細かいところ、全体を読めるようになればいいのです。

そう考えれば、長い問題にも圧倒されず、だいぶラクに読めるようになってくるでしょう。

何が問われているかをまず押さえる

問1 株式投資についてMさんが説明した次の記述のうち，最も不適切なものはどれか。

1）「上場株式を購入する際には，Aさんは証券会社に対して売買委託手数料を支払うことになりますが，この手数料はどの証券会社であっても同じ額となります」

2）「普通取引の場合，株式の売買代金は，売買成立の日から起算して4営業日目に受渡しされます」

3）「株式投資においては，株価の変動により損失を被る可能性があります」

出る！ **問2** X社株式についてMさんが説明した次の記述のうち，最も不適切なものはどれか。

1）業界平均のPER（株価収益率）が12倍であった場合，X社のPERはこれを下回る。

2）10年長期国債の最終利回りが0.8%であった場合，X社の配当利回りはこれを下回る。

3）X社は輸出中心の企業であるため，円安の進行は一般に株価にとって好材料となる。

問3 Aさんが，仮に，平成26年中に特定口座の源泉徴収選択口座を利用し，X社株式を【設例】の条件で1,000株購入し，同年中に1株当たり900円ですべて売却した場合に徴収される所得税および住民税の合計額は，次のうちどれか。なお，Aさんにはこれ以外にこの年における株式等の譲渡はなく，また，復興特別所得税は考慮し，税金以外の費用等は考慮しないものとする。

1）10,000円

2）10,147円

3）20,315円

実務教育出版

最初に具体的な設例が書かれている場合が多いですが、設問や選択肢を最初に読んだほうが読む切り口がわかって読みやすくなります。見出しをつけるつもりでキーワードを拾って読みましょう。

総合問題の読み方・書き込み方（問題部分）

実技 問題 ①

次の設例に基づいて，下記の各問 **問1** ～ **問3** に答えなさい。

（金財「個人」H25．9改）

【設例】

会社員のAさん（35歳）は，余裕資金を利用して，かねてから興味を持っていた上場企業X社の株式を購入しようと考えている。Aさんはこれまで株式投資をまったく行ったことがないため，株式投資に関する説明をファイナンシャル・プランナーのMさんに求めている。

Aさんが購入を検討しているX社株式に関する資料は，以下のとおりである。

〈X社株式に関する資料〉

- 業界　：電子部品
- 特徴　：業界内では中堅規模であり，海外の大手タブレットPCメーカーに対する売上が全体の売上高の8割を占める輸出中心の企業である。
- 株価　：800円
- 税引き後純利益　：120億円
- 自己資本　：1,000億円
- 発行済株式数　：1億株（すべて普通株式）
- 前期の配当金の額　：12円（1株当たり）

※上記以外の条件は考慮せず，各問に従うこと。

108

設例（事例）から読む必要はない

計算問題は解答プロセスを押さえる

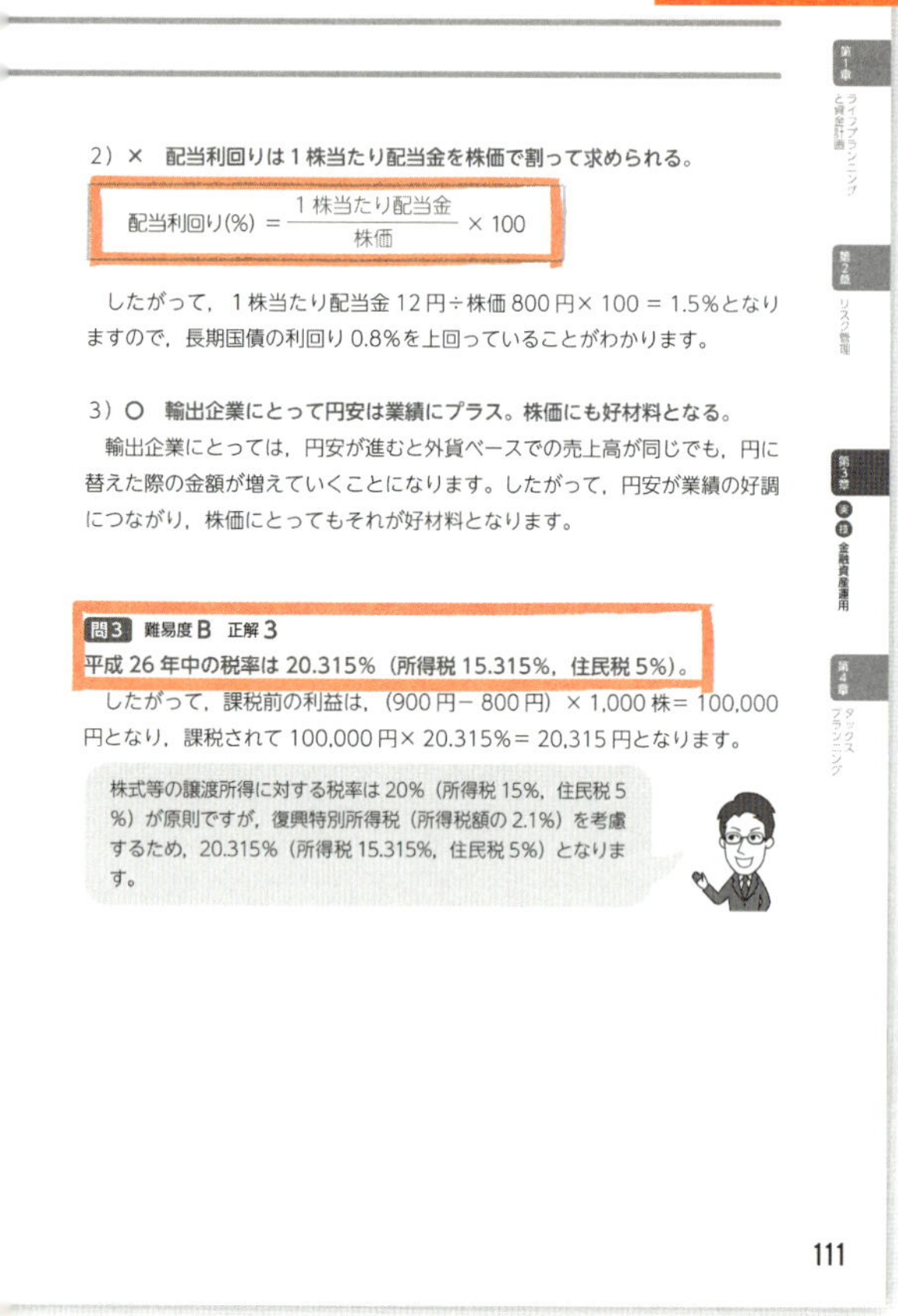

2）× 配当利回りは1株当たり配当金を株価で割って求められる。

$$配当利回り(\%) = \frac{1株当たり配当金}{株価} \times 100$$

したがって，1株当たり配当金12円÷株価800円×100＝1.5%となりますので，長期国債の利回り0.8%を上回っていることがわかります。

3）○ 輸出企業にとって円安は業績にプラス。株価にも好材料となる。

輸出企業にとっては，円安が進むと外貨ベースでの売上高が同じでも，円に替えた際の金額が増えていくことになります。したがって，円安が業績の好調につながり，株価にとってもそれが好材料となります。

問3 難易度B 正解3

平成26年中の税率は20.315%（所得税15.315%，住民税5%）。

したがって，課税前の利益は，（900円－800円）×1,000株＝100,000円となり，課税されて100,000円×20.315%＝20,315円となります。

株式等の譲渡所得に対する税率は20%（所得税15%，住民税5%）が原則ですが，復興特別所得税（所得税額の2.1%）を考慮するため，20.315%（所得税15.315%，住民税5%）となります。

第1章 ライフプランニングと資金計画

第2章 リスク管理

第3章 実技 金融資産運用

第4章 タックスプランニング

111

実務教育出版

計算問題の場合、押さえるべき知識は具体的数値ではなく解答プロセスですが、設例から必要な数字を引っ張れるか、必要な計算式を思い出せるかもしっかりと確認しておきましょう。

総合問題の読み方・書き込み方（解答・解説部分）

実 技　問 題 ① 解 説

株式　▶基本講義 P153

問1　難易度 B　正解 1

1）× **売買委託手数料は証券会社ごとに異なる。**

上場株式を購入する際には，その取引を仲介する証券会社が決めた売買委託手数料を負担する必要があります。昔は証券取引所が手数料を決めていましたが，1999 年 10 月から完全に自由化され，証券会社ごとに異なるようになりました。ちなみに，上場株式を売却する際にも売買委託手数料はかかります。

2）○ **株式の売買代金の受渡日は約定日から起算して 4 営業日目である。**

株式の普通取引の場合の売買代金の受渡日は，売買の成立した日（約定日）から起算して（＝約定日を 1 営業日目と数えて），4 営業日目となっています。買付代金は 4 営業日目までに入金する必要があり，売却代金は 4 営業日目に現金化されます。

3）○ **株式投資は株価の変動によって損失が発生する可能性がある。**

株式投資においては，買値よりも株価が下がると評価損が発生し，その状態のまま売却をすると実現損が発生します。株式投資は株価の変動によって損失が発生する可能性のある投資だといえます。

問2　難易度 B　正解 2

1）○ **PER は株価を 1 株当たり純利益で割って求められる。**

$$\text{PER（倍）} = \frac{\text{株価}}{\text{1 株当たり利益}}$$

PER

したがって，この設問の場合，税引後利益 120 億円を発行済株式数 1 億株で割ることで，1 株当たり利益 120 円が求められます。

つまり，株価 800 円÷ 120 円＝ 6.66 倍となります。

110

正解のための「押さえるべき知識」を明確にしながら読む

Chapter 5

３ステップ記憶勉強術
【基本編】
試験直前＆まとめ

電車を待つ間に「ざっくり読む」

3ステップ記憶勉強術を習得した夏子さん。それからは、見違えるように勉強が進んでいきました。特に、会社の行き帰りの通勤時間がまるまる勉強時間となりました。

これまでは電車を待っているときや乗っているときは、ついついスマホでメールやSNSをチェックしたり、ゲームで時間をつぶしていましたが、スマホはバッグの奥深くにしまいこみ、常に過去問を片手に、3ステップ記憶勉強術の「思い出す」→「問いに変える」→「ざっくり読む」をどんどんくり返していきました。

席に座れなくても「思い出す」→「問いに変える」までの2ステップをとにかく行な

い、席に座れたり、ちょっと車内が空いて過去問を開く余裕ができたら、すかさず「ざっくり読む」を行なうことで、いつでも勉強できるようになりました。

さらには、駅まで歩いている間も、自然と気がつけば、「思い出す」→「問いに変える」をしているまでになってきたのです。

そして、試験本番まであと1週間。直前1週間をどう過ごすか、どう勉強するかを確認するため、また個別指導を受けに来た夏子さん。そこで指導されたのは……。

歩きながら「思い出す」「問いに変える」

宇都出　**夏子さん、その後、FP3級の勉強はいかがですか？**

夏子　おかげさまで、あれからどんどん勉強が進んで、気がついたらこの過去問集をすべて読めるようになりました。

ちょっと見せてもらっていいですか？（過去問集を見る）
かなり書き込みもされていて、使いこんだ感じがありますね。

1か月間、深く付き合ってきましたから。
この過去問集は親しい友人、いや恋人のようだったといえるかもしれません。

そんな友人、恋人との付き合いもあと1週間ですね。

そうなんですよ。試験まであと1週間。これからどうすればいいか、アドバイスをいただければうれしいのですが……。

アドバイスはただ一つです。「思い出す」→「問いに変える」→「ざっくり読む」をひたすらくり返すことです。

やはりそうですか……。それを続けることなんですね。

この過去問をすべて常識化、つまり、パッと見てすぐに正しいか間違いかが判断できるようになることです。

まだ、すべて常識化できているとはいえないです……。

まずは、ここまで取り組んできた過去問を常識化できているかどうか、見える化しましょう。そのためには、サインペンで消す、さらにはホチキスで留めることです。

それが、なかなか消したり、ましてホチキス留めなどできていないんです。

解説

3ステップを加速

常識化したところを消す・留める

「思い出す」→「問いに変える」→「ざっくり読む」をくり返していくと、過去問の問題文、（正しい、もしくは正しく修正した）選択肢、解答・解説に書かれている知識が、どんどん当たり前のものになっていきます。

たとえば、「割引債とは……」という言葉を見て、「無利息、そんなの当然でしょ。利息がつけばそれは利付債だよ」とか、「額面より安い、そんなの当然でしょ、無利息なんだから」と、すぐに反応できるようになるのです。

さらには、過去問を見なくても、思い出すことができるようになってきます。

そうなれば、もうこの文章を読む必要はなくなります。もっというと、読んでいる時間がムダになります。すでに常識化された知識を読むよりも、まだそこまでになってい

ない知識を読むことに時間を充てたほうがいいからです。

このため、私は常識化した箇所については、思い切って、サインペンで「消す」ことを勧めています。具体的には、斜線や横線を引いて消してしまうのです。**➡㉗プロッキーを手放すな　読むところを減らして回転を加速せよ！**

こうすれば、もうそこは自然に飛ばせるようになりますから、まだ常識化されていない箇所に時間やエネルギーを集中できるようになるわけです。

さらに見開きページですべて常識化が進み、読むところがなくなれば、そこはホチキスで留めてしまえばページをめくる時間も節約できるようになります。

このように常識化したところを消したり、留めたりすることで、読む必要がある箇所がどんどん減っていきます。それによって、まだなじみがなかった箇所、記憶・理解できなかった箇所を読む時間が増え、くり返す量が増えてきます。

そうすると、さらに思い出すことがすばやくできるようになり、「思い出す」→「問いに変える」→「ざっくり読む」のサイクルがさらに加速します。

このように、常識化したところを消す・留めることで（ただし焦る必要はありません）、一気に記憶・理解が進んでいくのです。

（試験本番翌日）

宇都出

夏子さん、試験お疲れさまでした。本番の試験はどうでしたか？

夏子

やはり、試験は緊張しますね。でも、合格ラインはクリアしたと思います！

それは、おめでとうございます！実際の試験問題は、どうでしたか？

正直、見たこともない問題もあって、最初は少し焦りましたが、満点を取る必要はないといい聞かせて、とにかくわかるところに焦点を当てて解いていきました。試験勉強は正直ですね。常識化したところは迷いなく解けましたし、あいまいだったところは、やはり迷いました。

私の勉強法では過去問だけに絞っていますから、満点は取れません。でも、基本的なところは確実に取って合格する方法です。

試験勉強はもう怖くない

試験会場では私のように過去問を見ている人は多かったですが、ほとんど書き込みもなくキレイでした。ページをめくるスピードも遅くて……。私は試験本番当日には、ほぼすべてを常識化した状態だったので、過去問を読むのなんて、ほんの数分で終わるぐらいでしたから、この時点で合格を確信していましたね。

今回の試験で試験勉強のコツをつかめた気がします。

試験勉強が怖いものではなくなりました。


それはよかったです。

ただ、試験はあくまで通過点ですし、手段です。

そもそもの目的は決して忘れないでくださいね。

そうしないと、試験マニアになってしまいますから。


それは気をつけます。本当にありがとうございました！

解説

本番も勉強も同じになる

3ステップ記憶勉強術で試験勉強をしていると、試験本番も特別なことではなくなってきます。なぜなら、「思い出す」ことを常に、ズーッと行なってきている、つまり、試験を受けていたようなものだからです。

なので、従来の勉強法でよくある、「あれ？　覚えていたはずなのに……」「うーーん、思い出せない」といった「覚えていたつもり」が少なくなります。

とはいえ、どんどんラクに解けるのかというと、そうとは限りません。過去問を中心に範囲を絞っているので、知らない問題は当然出てきますし、歯が立たないような問題もあるからです。

そんなときも、3ステップ記憶勉強術で、わからないところにはまらずに、飛ばして

覚えていたつもりをなくす

進んでいった経験やクセづけが役立ちます。とりあえず、わかるところ、自信を持って解答できるところを全部行なったうえで、わからないところや難しい問題に取り組むことができるようになるからです。

３ステップ記憶勉強術は、ある意味、**試験本番に近い状態で試験勉強をすることなのです。**

なお、ＦＰ３級など、ある程度、合格率が高い試験であれば、過去問集１冊で十分ですが、さらに難関試験になってくると、科目別に何冊もの過去問集に挑戦したり、テキストに取り組む必要があるものも出てきます。

ただ、取り組む対象を広げれば広げるだけ、それらに対する勉強は薄まって質が低下することを念頭に置いて、むやみやたらに手を広げないことが大事になります。

どれぐらいの過去問に取り組めばいいのか？　過去問以外にも取り組んだほうがいいのか？　これらを判断するためにも、まずは過去問に取り組んでいきましょう。

そして、試験勉強で行なうことは、もうおわかりいただいたように、非常にシンプルです。「思い出す」→「問いに変える」→「ざっくり読む」というシンプルな３つの行動をとにかく行なっていけばいいのです。

Chapter 6

3ステップ記憶勉強術
【上級編】
目次の覚え方

記憶術を活用して、3ステップを加速させる

3ステップ記憶勉強術「基本編」においては、「思い出す」→「問いに変える」→「ざっくり読む」の3つのステップそれぞれについて具体的に解説してきました。

この上級編では、3つのステップをさらに加速させるために記憶術を活用する方法をご紹介します。使うのは、「目次イメージ記憶法」と「テキストまるごと記憶法」。どちらの記憶法についても、これから詳しく解説しますが、簡単に解説しておくと、「目次イメージ記憶法」とは、目次項目を最初に一気に記憶してしまう方法です。

基本編では、FP3級の過去問集でも、最初に目次から読んでいきましたが、「思い出す」→「問いに変える」→「ざっくり読む」の3つのステップを回転するなかでだんだんと記憶していきました。上級編では記憶術を使って一気に記憶してしまって、そこから3ステップをまわしていきます。いわばロケットスタートを切るのです。

一方、「テキストまるごと記憶法」とは、本の「形」に関する記憶も使って、「思い出す」→「問いに変える」→「ざっくり読む」の3つのステップを回転する方法です。

基本編では「ざっくり読む」の３つの読み方の一つとして「内容」よりもまず「構造」を読むという読み方をご紹介しました。「テキストまるごと記憶法」で使う「本の形」とは、これと同じように「内容」よりまず「形」を「思い出す」際に活用します。たとえば、「あの項目は左ページ始まりだったなぁ」とか「右ページの真ん中あたりに表があったなぁ」といった「形」に関する記憶を活用するのです。こういった記憶は自然と残っているのですが、普通は活用されていません。この記憶を捨てずに活用しようというのが、「テキストまるごと記憶法」なのです。

なお、この「目次イメージ記憶法」と「テキストまるごと記憶法」は、過去問集を対象にした試験勉強でも活用できますが、教科書やテキストでその効果をより強力に発揮します。

上級編では基本編でＦＰ３級試験に取り組んだ夏子さんの弟で、公務員試験に挑戦する秋生さんが登場します。公務員試験の日本史のテキストを例に、この２つの記憶法で加速させる「３ステップ記憶勉強術」を解説していきます。

楽しそうに勉強する姉を見て……

夏子さんはこれまでと違って、楽しそうに、そしていつでもＦＰ３級試験の勉強をするようになりました。

これに驚いたのが、夏子さんの家族。試験勉強法の先生の指導を受けはじめたとは聞いていたものの、「どうせまた、三日坊主よ」なんて思っていました。

しかし、１週間、２週間と続くのを見て、「これは本気かも？」と思いだしました。しかも、夏子さんの本の読み方が、これまでとまったく違います。「そんな速さで読んでわかるの？」という速いスピードで読んだり、片手に太いペンを持って、ガンガンと書き込んでいます。

そして、見事たった１か月の勉強でＦＰ３級に合格し、家族全員がびっくりしてしまいました。

そのなかでも、特に弟の秋生さんは、自分が公務員への転職をめざして密かに試験勉強をしていたこともあり、この勉強法にがぜん興味を持ちはじめました。

秋生さんは数学などは得意ですが、歴史が大の苦手です。そして、普段は姉に相談などしないのですが、思い切って相談したところ、強く勧められ、個別指導を受けることになったのでした……。

苦手な歴史を克服できるか……

宇都出

秋生さんですね。歴史の勉強に苦労されているとお聞きしましたが？

秋生

ええ、そうなんです。
公務員試験の日本史は、かなり細かいところが出るので……。

確かにかなり細かい知識が問われますね。
ただ、３ステップ記憶勉強術を使えば、
ラクにムリなく記憶・理解して、点数を取れるようになりますよ。
ところで、過去問には取り組んでいますか？

過去問もやりはじめています。過去問によって、どんなところが問われるのか、どういうレベルの知識が求められるのかがわかってきました。ただ、過去問だけでいいんでしょうか？
なんだかバラバラの知識で、整理がつかない気もするんですが？

そうですね。歴史の場合、法律や数学などと違って、論理的にきっちり整理できないので、バラバラの知識になりやすいのは確かです。歴史になじみがなければ、歴史の大きな流れをつかむために、体系的に整理されているテキストにも取り組んだほうがいいですね。

テキスト？
過去問？
両方？

やはり、**テキストも必要ですか……。**
歴史には苦手意識があって、取り組む気もなかなか起こらないですし、
テキストを覚えるとなると……。

だからこそ、すでに持っている記憶を活用する
3ステップ記憶勉強術が役立ちます。
また、今回は、さらに加速させるために記憶術も活用しますから。

わかりました。とにかく1か月間、やり切ってみます。

解説

まずは過去問

基本編でも解説したように、試験勉強の基本は過去問です。めざす本番の試験に最も近い情報が過去の本番試験、つまり、過去問だからです。

どんな試験であれ、過去問が手に入るのであれば、過去問に取り組む（「解く」のではなく「読む」）ことがまず行なうべきことであり、必須です。

↓44 試験は過去問に始まり過去問に終わる　何はともあれ過去問を見ろ！

では、**過去問だけで十分か？　テキストを読む必要はないのか？**

これを考えるうえで、まず押さえるべきは試験の種類です。具体的にいうと、択一式試験なのか、記述式・論述式試験なのかということです。基本的には、択一式試験であれば過去問だけ、記述式・論述式試験であれば過去問に加え、テキストに取り組む必要

があると考えてください。

その理由としては、択一式試験のほうが1回あたりの問題数が多くなり、過去問だけでかなりの情報量になるからです。そして、毎年くり返し出題される問題が多くなりやすいのです。

ただ、択一式試験もさまざまです。試験範囲と試験時間の関係によって、毎年くり返し出題される問題の割合にも差が出ます。また、理数系の計算問題であれば、問題数は少なくなりがちです。個々の試験によって、過去問を何年分行なうのかも変わりますし、部分的にテキストを参照する必要があるものも出てきます。

公務員試験の日本史の試験は択一式試験ですから、過去問だけで十分なはずですが、私はテキストに取り組むことを勧めています。その理由は１４４ページの会話で解説しているように、歴史という科目の特質からです。

なお、項目別にある程度体系的に整理され、かつ、量がある過去問集であれば、過去問集だけでも流れが把握しやすいので十分かもしれません。

このあたり、問題集とテキストのメリット・デメリット、受験する試験の形式、試験範囲と試験時間の関係などを勘案して決めていってください。

項目レベルの差は考慮せず覚える

1日目 **縄文・弥生・古墳時代**

学習日 ／
重要度 ★
難易度 ★★

今日学ぶこと

縄文・弥生時代の時期，土器，遺跡，生活様式の特色を区別して
る。古墳時代を三期に分け，それぞれの時期の古墳の形態・内部構
葬品などを整理しておこう。

学習上の注意点

公務員試験では，縄文・弥生・古墳時代の時代ごとの区別ができ
かどうかを試す問題が多く見られる。土器・遺跡・生活様式等の特
っかり押さえておきたい。

1 石器時代

①旧石器時代　更新世（約200万年から約1万年前）に人類が打製石器を用いて，狩猟・漁撈・採集の生活をしていた時代。日本では，土器を使用していないことから先土器文化という。

②新石器時代　農耕・牧畜の開始と磨製石器・土器の使用を特色とする時代。日本では，縄文時代からこの段階に入るが，狩猟・漁撈の採集経済が中心で，晩期になって西日本の各地でも稲作農耕が始まった。

2 縄文時代

①時期　1万2000年前から紀元前5～4世紀。

石器時代
旧石器時代
更新世
氷河時代
打製石器
狩猟・採集

打製石器

文学・芸術

日	テーマ	ページ	重要度	難易度	学習日		
1日目	古典（文学・芸能）	204	★★★	★★	／	／	／
2日目	近現代文学	216	★★★	★★★	／	／	／
3日目	美術	228	★★★	★★★	／	／	／
4日目	音楽	240	★★	★★	／	／	／

実務教育出版

記憶術で覚える目次項目は4ページに一つはあるようにすると、本の「形」が思い出しやすくなります。また、違うレベルの項目も区別しないで覚えるのがシンプルでお勧めです。

秋生さんが取り組む
テキストの目次項目

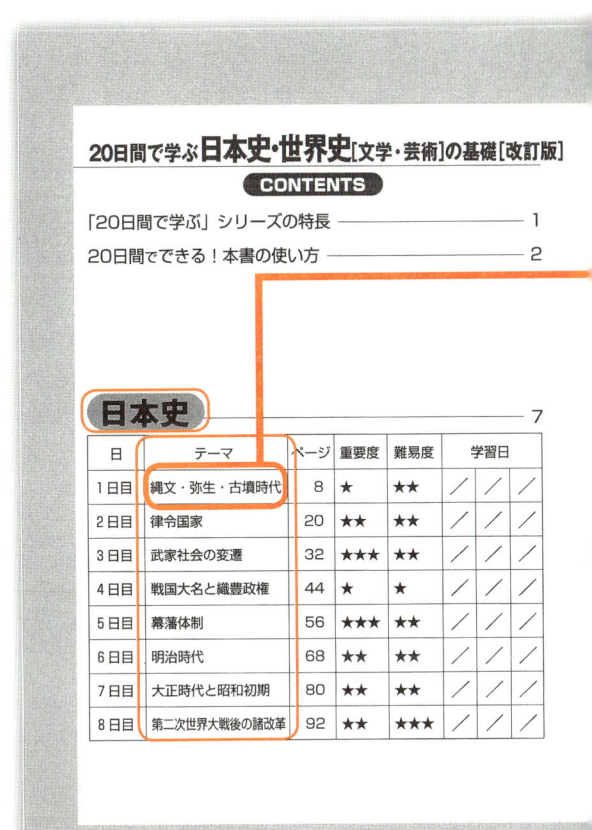

20日間で学ぶ日本史・世界史[文学・芸術]の基礎[改訂版]

CONTENTS

目次の項目が少ない場合は
本文の小見出しも拾って覚える

秋生

テキストであれば、
以前から少し取り組みはじめているものでいいでしょうか？

宇都出

いいですよ。では、まずは目次項目を思い出してもらえますか？
章タイトルは？

え？　章タイトルですか？　いきなり言われても……。

では、まずは目次項目を覚えてしまいましょう。

え？　いきなり覚えるんですか？
えーと、目次項目というと、これですか？
まぁ、これなら覚えられそうですが……。

ちょっと待ってください。うーん。これだと1項目が
数十ページ以上ありますね。この下のレベルの見出しはありますか？

えーと。本文に入るとありますね。たとえば、
石器時代や縄文時代といったものが、それにあたりますか？

そうですね。では、このレベルの項目まで覚えてしまいましょう。

これは、かなりの数になりますよ。

日本史だけで100項目あるかないかぐらいでしょう。世界史も同じぐらいですね。

100とか200もあるものをすぐには覚えられませんよ。ましてや、言葉も初めて見るようなものばかりですし、意味もわからないのに無茶ですよ。

だからこそ覚えてしまうんです。覚えると一気にくり返しがラクになって、意味もわかるようになります。これぐらいの数であれば、記憶術を使えば簡単ですよ。

100も200も
すぐに
覚えられない

解説

記憶術で加速

いきなり目次を覚えてしまうというので、びっくりされたかもしれません。もちろん、基本編で解説したように「思い出す」→「問いに変える」→「ざっくり読む」の3ステップ記憶勉強術の3つのステップという基本は同じなのですが、最初に記憶のゲタをはかせて、プロセスを加速させてしまおうということです。

タイトルや小見出し、そしてそれらが集約された目次の重要性はすでにおわかりですね。これらを活用することで、脳の学習原理である「大雑把に理解・記憶する」にそった学習が可能になります。

そして、これを「思い出す」→「問いに変える」→「ざっくり読む」でだんだんと記憶していってもいいのですが、いわゆる**「記憶術」を使うことで、一気に記憶してしま**

テキストは本文を読む前に目次を覚えてしまう

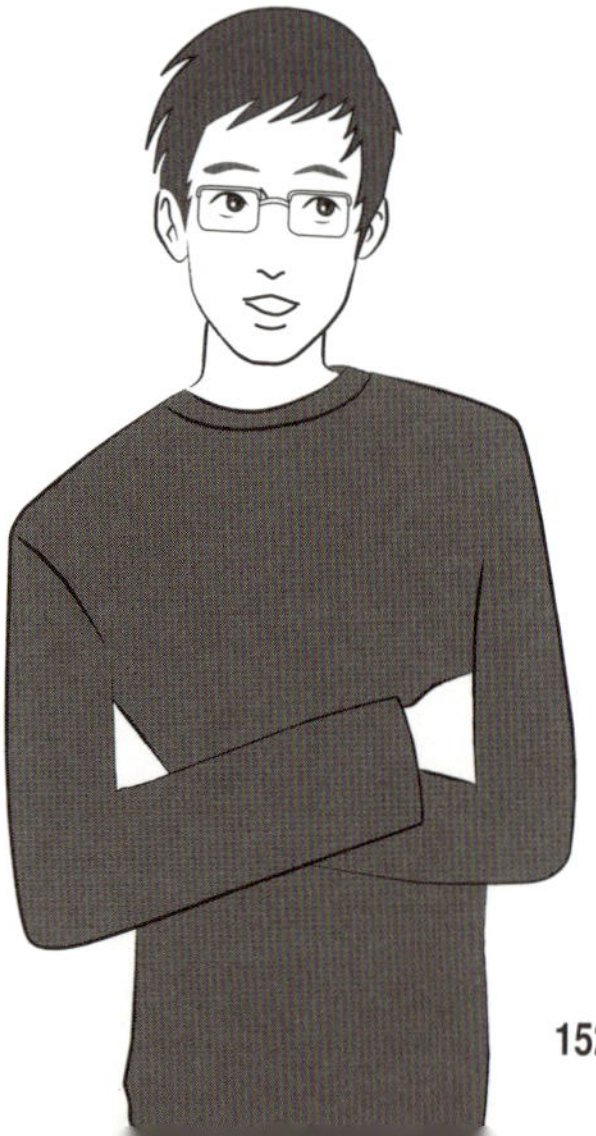

うのです。

「記憶術なんていう便利なものがあるのなら、さっさと使ってしまえばよかったじゃないですか?」と思われるかもしれません。

確かにこの記憶術。数千年前の古代ギリシアから用いられ、長い歴史のなかで連綿と受け継がれてきたものです。実際、とても強力なものですが、試験勉強での活用においては注意しないと、かえって非効率になってしまうもろ刃の剣なのです。

➡㉟記憶術は強力だが要注意　試験直前よりも最初で使え!

なぜかといいますと、記憶術は無意味なものを記憶することに最も効果を発揮するからです。たとえば、円周率。3・14にはじまる数字の列を10万桁も覚えている日本人がいますが、これは記憶術の活用なしには考えられません。

また、世界記憶力選手権という記憶力を競う大会があるのですが、そこではバラバラに並んだ52枚のトランプのカードの順番を覚えるスピードを競う競技があります。これなども、記憶術の活用なしには考えられません。

しかし、試験勉強で記憶したいものは無意味なものでしょうか? 違いますよね。そのほとんどが意味のあるものです。つまり、理解することが可能であり、理解によって記憶がラクになるものなのです。

そして、記憶術が効果を発揮するのは、数が限られたものを短時間で記憶する場合です。トランプのカードは52種類。それも4つのマークと13枚の数字の組み合わせです。円周率もその中身は数字にすぎず、10万桁というと膨大なようですが、本書のようなビジネス書でも文字数は7万字ほどあります。

もちろん、単純に比較はできませんが、試験勉強で覚えるものを無意味なものとしてとらえ、記憶術を使って覚えようとすることは、円周率10万桁を覚えようとする以上の作業になるのです。

このため、記憶術の強力さにインパクトを受けて、記憶術でテキスト全部を記憶しようなんて考えると、挫折することは必然ともいえるのです。

では、どうすればいいのか？

まずは、**記憶術で記憶する対象を絞りに絞る**こと。しかも、理解して記憶できるものではなく、無意味なものにすること。そこで記憶術の対象として浮かびあがってきたのが、タイトルや見出しなどの目次項目だったのです。

目次項目であれば、数は一気に絞り込むことができます。そして、理解すれば意味あるものになりますが、最初、勉強しはじめるときにはチンプンカンプンで無意味にしか見えないものです。

だからこそ、記憶術を使うタイミングが重要です。多くの記憶術本ではある程度、理解が進んだ段階で、試験本番に備えるために記憶術を使うというのが一般的です。しかし、「目次イメージ記憶法」は、理解する前、テキストや問題集を買ってきたその日など、できるだけ早い段階で記憶することを勧めているのです。

こうして覚えた目次項目は〝脳内テキスト〟を作っていくうえでの骨組み、足場になっていきます。

後ほど、記憶に残りやすい本の「形」を活用して、テキストをまるごと記憶していく「テキストまるごと記憶法」をご紹介します。覚えた目次項目があるからこそ、それが足場となってラクに本の「形」も思い出すことができるのです。

このため、少なくとも4ページに一つぐらいは、覚えた目次項目があることが理想です。覚えた目次項目の間が空きすぎると、思い出すのがきつくなるからです。この点を考慮して、記憶する目次項目のレベルは章タイトルレベルか？　節タイトルレベルか？　さらには、小見出しレベルまで必要かなどを考えて、決めていくのです。

宇都出

これから行う記憶術は、「目次イメージ記憶法」といいます。
カンタンにいえば、イメージを使った記憶法で目次を
覚えてしまおうということです。そもそも世の中の記憶術で、
イメージを活用しないものはありません。
私が使う記憶法も手法自体は一般的なものです。

秋生

記憶法なら、大学受験のときに試しにやってみたことがあります。
確かに、イメージに変換する方法でした。
これならすぐに覚えられると思って使おうとしたのですが、
なんだかやっていくうちに大変になって、挫折しました……。

おっ、イメージ記憶法をご存じなんですね。では、話が早いです。
それです。「目次イメージ記憶法」では、
場所法とか基礎結合法といわれる、イメージを場所に結びつける
方法で行ないますが、これも実践したことがありますか？

確か、そういう方法もあったような……。
場所ではなく、体の部分に結びつけるのを試したことはあります。

まさにそれです。体に結びつけると、強く印象に残るので最初はよく使われます。ただし、体では数に限りがあるので、今回は場所を使います。そのときも覚えたい項目をイメージに変換しましたか？

はい。確か、最初に覚えるものが果物のリンゴでしたが、巨大なリンゴをイメージして、それが頭の上で砕ける、なんていう強烈なイメージでした。いまでもはっきりと覚えています。

この強力なイメージ記憶法を使って、目次項目を覚えてしまうのです。

イメージ記憶法。挫折したことが……

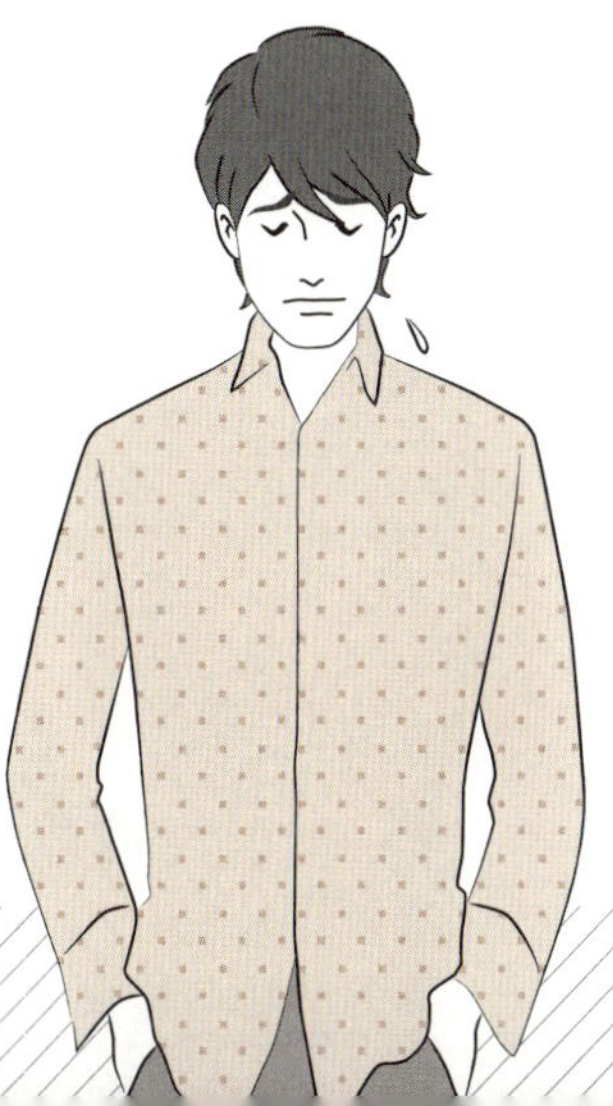

解説

目次イメージ記憶法

「目次イメージ記憶法」で使う記憶術は、基礎結合法や場所法といった名前で呼ばれ、イメージと場所を組み合わせて使う、最も強力な記憶術です。

次の3ステップからなっています。

❶「基礎」（場所や目印）を用意する。

❷目次項目をイメージ変換する。

❸変換したイメージと「基礎」を結びつける。

左ページの具体例をご覧ください。後ほどの秋生さんとの会話で出てくる例ですが、「基礎」として用意したのが、自宅の「玄関」、覚えたい目次項目が「縄文・弥生・古墳時代」の場合、どのように目次イメージ記憶法を行なうのかを図解しています。

イメージと場所を組み合わせる

目次イメージ記憶法はこうやって行なう

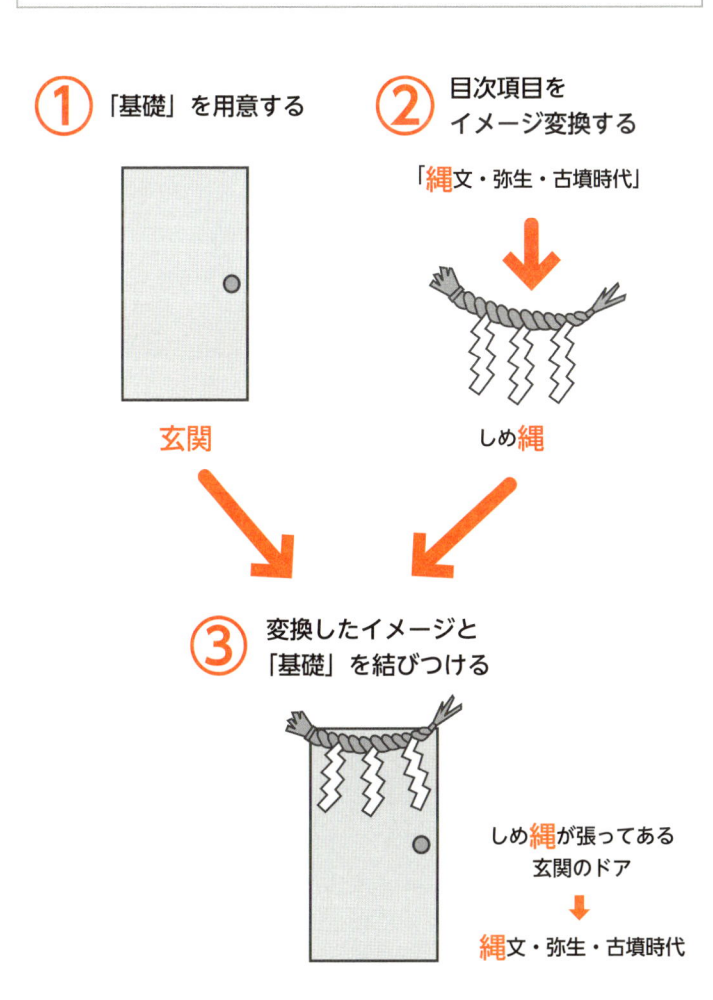

① 「基礎」を用意する

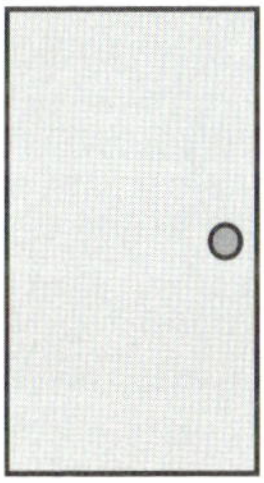

玄関

② 目次項目をイメージ変換する

「縄文・弥生・古墳時代」

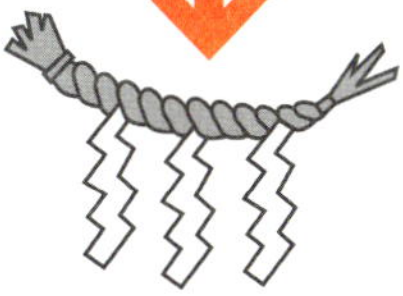

しめ縄

③ 変換したイメージと「基礎」を結びつける

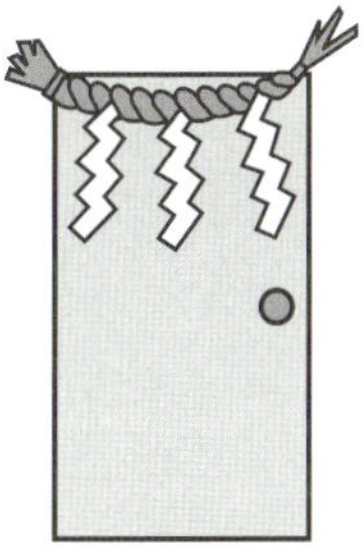

しめ縄が張ってある
玄関のドア
↓
縄文・弥生・古墳時代

宇都出

では、「目次イメージ記憶法」の最初のステップ、「基礎」を確認するところからはじめましょう。これは一番簡単なところでは、毎日通っている道を使いますが、秋生さんは通勤で駅まで歩いているんですよね？

秋生

はい。15分ほどですが……。それでいいですか。

まずは、一番なじみのあるところがいいので、ご自宅から駅までの道にある場所や目印を使いましょう。最初はご自宅の玄関からにしましょうか。いま、玄関にいると想像してください。想像できますか？

ええ、まぁ……ぼんやりですが。

ぼんやりでもいいですよ。ただ、玄関にいるという感覚はありますよね。

はい。それはあります。

なぜ場所を使うんだろう？

いいですね。では、想像でドアを開けて外に出てみてください。

周りに何が見えますか？

ええと……。小さい門があるので、それが見えます。

なるほど……。では、いまは玄関のドアから、その門までの間にいるということですね。では、ここも一つの場所として扱いましょう。で、次は門ですね。門まで歩いてください。

はい。歩いて開ければいいですか？

いいですよ。では、この門も場所として扱いましょう。これで玄関、玄関の外、そしてこの門で、3つの「基礎」ができたことになります。

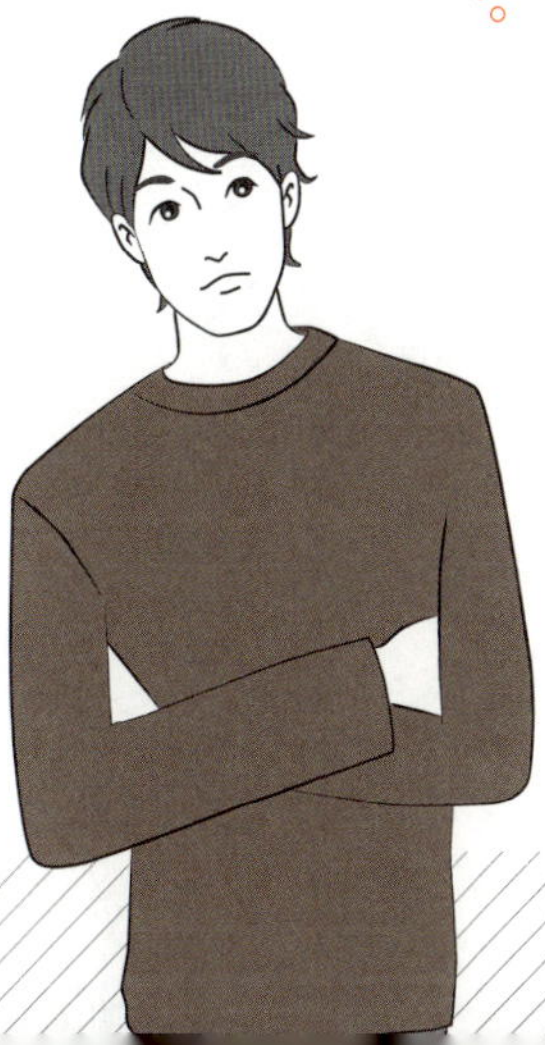

解説

「基礎」を用意

「目次イメージ記憶法」では、まずは土台となる「基礎」を確認していきます。この際、道のりにそって順番に一軒一軒確認するというより、簡単に思い出せる場所や目印を使うのがポイントです。

家に限らず、看板でも信号でも駐車場でも、とにかくよく覚えていることならなんでもかまいません。そのほか、自動販売機やポストなんかも活用できるでしょう。

なお、こうやって「基礎」を確認しながら、念のためにメモしておくことがおススメです。メモは、これから覚えようとする目次項目の横に書いておくとラクです。

そして、「目次イメージ記憶法」に慣れてきたら、こうやって基礎を確認し、目次項目の横にメモすると同時に、目次項目をイメージ変換して場所に結びつけてしまいます。

人は場所の記憶が得意

どちらにせよ、「基礎」の確認に時間を使うので、ちょっとムダに思いますよね。

しかし、この「基礎」で場所や目印といった空間と結びつけることで、目次項目を非常に整理した形で記憶することができます。また、こうやって読んでみると、「基礎」を作るのは大変な気がするかもしれませんが、これは思うほど大変ではありません。

なぜなら、**人は場所に関する記憶が得意だからです。**そして、なぜ、場所に関する記憶が得意かというと、それが生存（サバイバル）のためにとても重要な記憶だったからです。

エサのある場所、天敵がいる場所など、場所は生死にかかわる記憶です。このため場所に関する記憶が得意になったと考えられています。実際、人間をはじめ動物の脳には、「場所細胞」と呼ばれる、場所の記憶に特化した細胞があることがわかっています。

この「基礎」に用いるおススメの場所としては、毎日通っている駅までの道のりや自宅や勤務先周辺などが、しっかり覚えているのでいいでしょう。

また、初めての道であっても、歩きながらデジカメで写真を撮影しておけば、1回だけではきついかもしれませんが、2、3回も歩けば、十分に確かな「基礎」となります。

宇都出

第1ステップの「基礎」の用意ができたら、秋生さんが大学受験のときにやったように、覚えたい項目をイメージに変換して置いていくだけです。

秋生

ああ、やりました。イメージ変換ですよね。ただ、それも、具体的なモノであればイメージ変換しやすいのですが、試験勉強に出てくるような言葉はイメージしづらくて、それで挫折したんですよ。

確かに目次に出てくる項目は抽象度が高いので、イメージしづらいとはいえますが、必ず何らかのイメージは浮かびます。なので、心配する必要はないですよ。これから順番にやっていきましょう。

まずは、この大項目の「縄文・弥生・古墳時代」ですね。いきなり、ここから思い浮かびませんが……。

まず、何が浮かびました？

最初の言葉の「縄文」で縄は浮かびましたが……。

こんなイメージでいいんだろうか？

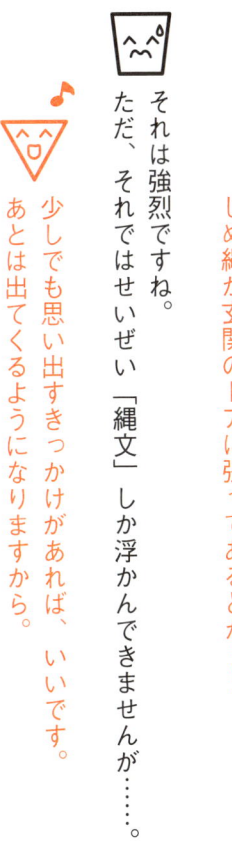

それでいいです。その縄というイメージを使いましょう。それを玄関と結びつけます。ただ、普通に縄が置いてあるだけだとインパクトが弱いので、たとえば、神社に置いてあるようなしめ縄が玄関のドアに張ってあるとか……。

それは強烈ですね。ただ、それではせいぜい「縄文」しか浮かんできませんが……。

少しでも思い出すきっかけがあれば、いいです。あとは出てくるようになりますから。

解説

目次項目をイメージ変換

秋生さんとの会話を読んでいると、バカバカしいと思われたかもしれません。しかし、これが大事です。バカなイメージほどインパクトが強くなって、記憶に残ります。

また、まじめにイメージを作ろうとすると、イメージが浮かばなくなってしまいます。

なので、私はこのイメージ記憶法のコツは、「バカになること」だと伝えています。

そして、完璧をめざさないことが特に大事になります。とにかく、ほんの少しでも思い出せるフック、きっかけができればＯＫなのです。➡㉛今の足場を固めろ　思い出せるところから思い出せ！　少しでも思い出せれば、そこから、３ステップ記憶勉強術の３つのステップをまわしていくことができるからです。

そして、イメージはできるだけインパクトが強いものにしてください。

たとえば、石。普通の石だとインパクトが弱いので、大げさなぐらいの大きさをイメージしてください。

大げさなぐらいというのは、たとえば、大阪城などの石垣に使われているような巨大な石が置いてあるとか……。それをよじ登っている感じとか、です。

また、このように体の感覚も入れると、インパクトがより強くなって忘れません。

そして、頭であれこれ考えず、**最初に浮かんだイメージを使うのがポイントです。**

このイメージというのは、あくまで目次項目を覚えるための手段なので、あまりイメージをおもしろおかしくしようとか、凝ったもの、かっこいいものにしようなどと思うとドツボにはまります。とにかくスピード重視で、思い浮かんだものをどんどん使って先に進むことが大切です。

また、具体的な人物は、特にインパクトが強いのでおススメです。たとえば、自分の友人、知人、芸能人などもどんどん使いましょう。

なお、イメージからすぐに元の項目が思い出せなくてもかまいません。イメージと目次項目にくり返し目を通すことで、だんだんと結びついていきます。とにかく、少しでもいいので、フック、つながりを作ることが大事です。

基礎	組み合わせたもの	イメージ変換した目次項目	目次項目
 ⑥２階建てのアパート	 アパートの２階の窓から手を振るドレスアップした弥生先輩	 ドレスアップした弥生さん	⑥弥生時代の対外交渉
 ⑦大きな駐車場	 突如出現した前方後円墳と自動車	 前方後円墳	⑦古墳時代
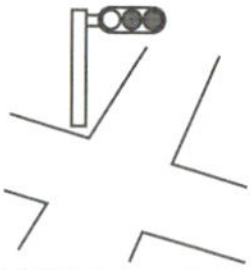 ⑧信号のある交差点	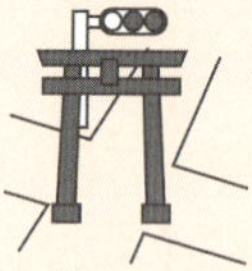 交差点のど真ん中に真っ赤な鳥居	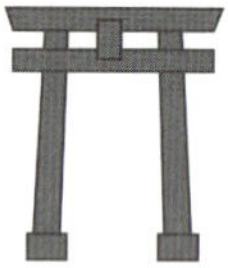 鳥居	⑧古墳時代の信仰・習俗
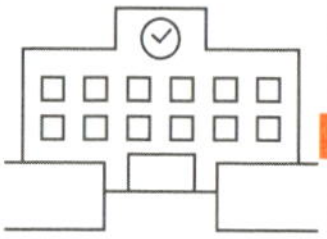 ⑨小学校	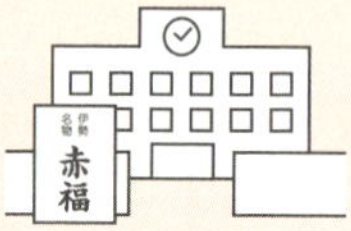 小学校の門に赤福のどでかい看板	 赤福（伊勢）	⑨古墳時代の遺跡
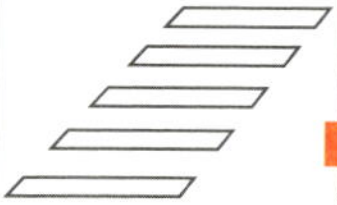 ⑩横断歩道	 横断歩道を横切る戦艦大和	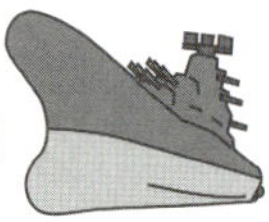 戦艦大和	⑩ヤマト政権

目次イメージ記憶法は、このように変換・結合する！

基礎	組み合わせたもの	イメージ変換した目次項目	目次項目
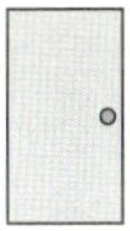 ①玄関	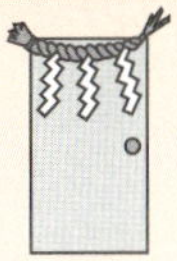 しめ縄が張ってある玄関のドア	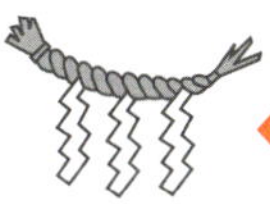 しめ縄	①縄文・弥生・古墳時代
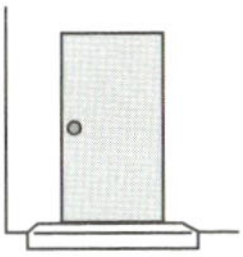 ②玄関の外	 玄関の外に置いてある巨大な石	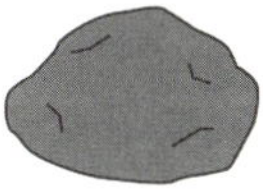 巨大な石	②石器時代
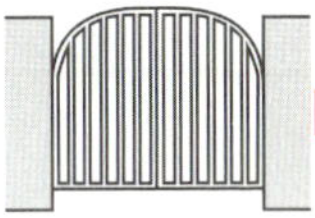 ③門	 しめ縄が張ってある門	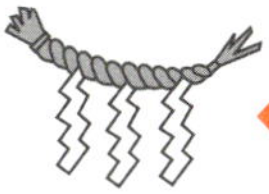 しめ縄	③縄文時代
 ④駐車場	 なぜか駐車場にいる弥生先輩	 弥生さん（先輩の女性）	④弥生時代
 ⑤隣の散髪屋さん	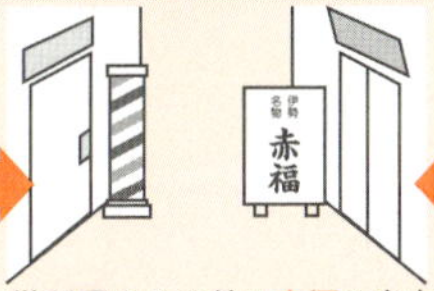 散髪屋さんの前に赤福の売店	 赤福（伊勢）	⑤旧石器・縄文・弥生時代の遺跡

秋生

気楽でいいんですよね。
「旧石器・縄文・弥生時代の遺跡」は最後の言葉「遺跡」が引っかかりました。ただ、なぜか浮かんだイメージが「いせき」の「いせ」から、「伊勢」なんですが……。

宇都出

いいですよ。言葉の意味からではなく、ゴロ合わせでイメージを浮かべるのもありです。ちなみに、伊勢のイメージは？

あのお菓子の赤福ですが……。よくお土産でもらったので……。

それでいいですよ。それを場所に置いていきましょう。

でも、赤福から、旧石器・縄文・弥生時代の遺跡が浮かぶでしょうか？

心配ないです。「赤福、そうそう伊勢だ。伊勢が何だっけ？」と止まったとしても、また目次項目を見ればいいだけです。何回かやるうちに、覚えていくものです。

なんだか、やはり普通に覚えたほうがいい気がしてきました……。

バカバカしいけど
本当に
覚えてる！

記憶術を使わなければ、そんなに簡単に覚えられませんよ。
バカなイメージだとしても思い出すきっかけが
少しでもあるかどうかで、まったく違ってきます。

確かに……。玄関のしめ縄、出たところの巨大な石、
門のしめ縄……というふうに思い出せます……。
ある程度もう覚えてしまっていますね。

そうなんです。バカバカしいようで強力です。
なお、変換するイメージにこだわらないことが、実践するうえで
大きなポイントです。慣れてくると妄想がいろいろ浮かんできて、
イメージを止めるのが難しくなるほどです。

解説

「基礎」とイメージを結合

「これが試験勉強？」と思われているかもしれませんが、立派な試験勉強です。何より、気づかれたかもしれませんが、歴史が苦手だった秋生さんが、歴史のテキストの目次項目に親しみを感じています。

まずは覚えるということで、自分に近い存在になって身近になってきます。

「単純接触効果」という言葉をご存じでしょうか？　これは、**ただ接触する回数が多いだけで、その対象に親しみを感じやすくなる**という心理学の実験で確かめられている効果です。➡㊸テキスト・過去問は好きですか？　接触効果で親しくなれ！

社内恋愛なども、この効果が働いているといえるでしょう。毎日会うというだけで、そうじゃない人よりは恋愛に陥る可能性が高くなるわけです。

目次、そして
科目が
身近になる

そして、目次項目をバカげた、そして身近なイメージに変えることで、さらに目次項目とのなじみが加速していきます。

ここまでの会話で、イメージ変換の感覚をつかんでもらえたでしょうか？

おそらく、こんなに「いい加減でいいの？」と思われている人が大半だと思います。目次項目のほんの一部だけを取り出してイメージ変換することがほとんどですし、ゴロ合わせを使ったイメージ変換に至っては、もともとの意味とまったくかけ離れてしまいますから。

まじめな人ほど、「もう少し項目を正確に表せないだろうか」と考えがちですが、そうなるとどんどんイメージに変換するのが大変になってきます。いわゆる右脳ではなく左脳が働くため、イメージが浮かばなくなってくるのです。そして、「イメージ記憶法なんて使えない」と投げ出してしまうのです。

ただ、イメージと場所による記憶の力は強力なので、これを使わないのはあまりにもったいないです。これは一種の遊びだというぐらい気楽に構えて、楽しみながら、とにかくさっさとイメージに変えて、そのイメージを「基礎」となる場所や目印にどんどん置いていけばいいのです。

覚えた目次項目を
問いに変えて引っかける

7 古墳時代の信仰・習俗

①**農耕儀礼**　春に五穀の豊作を祈る祈年祭《としごいのまつり》，秋に収穫に感謝する新嘗祭《にいなめのまつり》が行われた。

②**太占**《ふとまに》　鹿の肩胛骨を焼いて，ひび割れの状態から吉凶を占う。

③**盟神探湯**《くかたち》　熱湯に手を入れて小石を拾わせ，火傷の有無によって真偽を判定する神判の方法。

8 古墳時代の遺跡

①**大仙陵古墳**《だいせんりょう》（大阪府）　堺市の百《も》舌《ず》鳥古墳群の一つで仁徳天皇の墓とされる。日本最大の前方後円墳。

②**誉田御廟山古墳**《こんだごびょうやま》（大阪府）　羽曳野市の古市古墳群の一つで応神天皇の墓とされる。日本で２番目の規模を誇る前方後円墳。

③**稲荷山古墳**（埼玉県）　行田市の埼玉古墳群の一つで，金象嵌の銘文のある鉄剣が出土した。銘文の「ワカタケルノオオキミ」は雄略天皇と推定されている。

④**藤ノ木古墳**（奈良県）　鞍や鐙などの馬具や金銅製の冠・履などが出土し，大陸と密接なかかわりがあったことを窺わせる。

9 ヤマト政権

①**氏姓制度**　血縁的結びつきをもとにした豪族の組織を氏《うじ》といい，族長である氏上と構成員である氏人で構成されている。ヤマト政権は氏に対して政治的・社会的地位を示す姓《かばね》（臣・連・君・直など）が与えられた。

②**部民制度**　朝廷は直轄地である屯倉《みやけ》を持ち，田部《たべ》が耕作した。また，朝廷が支配する人民である子代《こしろ》・名代《なしろ》を所有した。豪族は田荘《たどころ》と呼ばれる私有地を持ち，部曲《かきべ》が耕作した。朝廷・諸豪族が所有支配した人民集団を部民という。

③**支配体制**　臣・連姓の中央豪族の中で，有力者が大臣《おおおみ》・大連《おおむらじ》という地位に就いて，大王を補佐し国政にたずさわった。また，服属した地方豪族に対して，ヤマト政権は国造《くにのみやつこ》・県主《あがたぬし》という地位を与えて，地方支配を任せた。

古墳時代の土器

土師器	弥生土器の系統
須恵器	大陸系土器

禊（みそぎ）
神事に際し，身についた穢を川などの水に入り，落し潔めること。

祓（はらえ）
災厄や罪悪，穢をはらいのけるために行う神事。

日本の漢字使用
- 江田船山古墳出土大刀（熊本）
- 稲荷山古墳出土鉄剣（埼玉）
- 隅田八幡宮人物画像鏡（和歌山）

姓
- 臣＝大和の有力豪族
- 連＝特定の職能をもって仕える有力豪族
- 君＝地方の有力豪族
- 直＝地方の一般豪族

土地・人民支配

	土地	耕作者
朝廷	屯倉	田部
豪族	田荘	部曲

1日目　縄文・弥生・古墳時代

11

実務教育出版

イメージ記憶法は強力ですが、使いすぎると逆効果になります。覚えた目次項目を柱にして、それを問いに変えて「理解」という武器を使ってだんだんと細かいところに入っていきましょう。

秋生さんが取り組んでいる
テキストの本文

イメージ記憶法で
なんでも覚えようとしない

縄文時代後期の貝塚で，1877年ア
ドワード=モースが発見した。
）　紀元前3500年から約1500年続
掘立柱建物跡などが発見された。

④吉野ヶ里遺跡（佐賀県）　弥生時代の代表的遺跡で，墳丘墓・高床倉庫群・物見櫓《ものみやぐら》などを備えた大規模な環濠集落が発見された。

⑤登呂遺跡（静岡県）　弥生時代後期の農耕生活を示す遺跡で，畦で区画した水田跡・高床倉庫などが発見された。

5　弥生時代の対外交渉

①漢書地理志　紀元前１世紀ころ，小国に分かれていた倭国の中に，定期的に楽浪郡を通じ，漢に朝貢する小国もあった。

②後漢書東夷伝　57年，倭奴国王が後漢の光武帝に朝貢し，印綬（漢委奴国王）を授かった。また，107年，倭王帥《すい》升《しょう》が後漢の安帝に生口《せいこう》（奴隷）を献上し朝貢した。

③魏志倭人伝　239年，邪馬台国の女王卑弥呼が魏の明帝に朝貢し，称号（親魏倭王）・金印・銅鏡を授かった。

6　古墳時代

①前期（４世紀中心）　畿内を中心に前方後円墳が出現する。墳丘内部は竪穴式石室がつくられ，鏡・剣・玉など呪術的なものが副葬された。

②中期（５世紀中心）　前方後円墳が巨大化し，竪穴式石室に武具・馬具など軍事的な副葬品が多くなる。

③後期（６世紀中心）　小円墳が密集してできた群集墳が多く見られ，墳丘内部は横穴式石室に変わったことで，追葬が可能となり，副葬品も須恵器《すえき》をはじめとした日用生活具が多くなった。

時期	内部	副葬品	被葬者
前期	竪穴式石室	鏡・剣・玉	宗教的支配者
中期	竪穴式石室	武具・馬具	軍事的支配者
後期	横穴式石室	日用生活具	地方豪族・有力農民

貝塚
縄文時代の集落の近辺に見られる遺跡で，捨てられた貝類が堆積したもの。東日本の太平洋側に多く見られる。

環濠集落
弥生時代，九州から関東にかけて営まれ，溝や濠で周りを囲んだ集落。

楽浪郡
B.C.108年　漢の武帝が朝鮮半島に設置した郡。
現在のピョンヤンの付近。
cf. 帯方郡
204年頃　公孫氏が楽浪郡の南部を割いて新設した郡。
現在のソウルの付近。

「漢委奴国王」（金印）
1784年，福岡県志賀島で発見。

代表的な古墳

前期	箸墓古墳（奈良）
中期	大仙陵古墳（大阪）
	誉田御廟山古墳（大阪）
	造山古墳（岡山）
後期	岩橋千塚（和歌山）
	藤ノ木古墳（奈良）

竪穴式石室

横穴式石室

10

秋生

目次項目は、100ぐらいすぐに覚えられそうです。
ただ、ここからさらにどうやって覚えていけばいいんですか？
たとえば、弥生時代の対外交渉のところ（前ページ）には、
小見出しに3つの難しい言葉が並んでいます。漢書地理志、
後漢書東夷伝、魏志倭人伝……。さらに、説明文もあるんですが……。

宇都出

まずはざっくり、ざっくりです。細かいところを
いきなり覚えようとしても、それはなかなか覚えられませんし、
圧倒されてしまうと、何もくり返せなくなるので逆効果です。
ところで、弥生時代の対外交渉という言葉は、
もうかなりなじんで覚えてきたようですね？

ええ、まあ……。ただ、さらに細かいところは、たとえば、
この漢書地理志、後漢書東夷伝、魏志倭人伝なんかも
イメージ化して覚えたほうがいいのではないですか？

構いませんが、なんでもイメージ記憶法で
覚えようとはしないでください。

もっともっと
イメージ記憶法を
使えばいいのに……

でも、イメージ記憶法は強力ですよね？

目次項目程度の数であれば大丈夫ですが、
さらに細かい知識すべてとなると、おそらく苦しくなってきます。
それよりも、「理解」というもう一つの記憶法を使うべきです。

理解ですか？　理解すると、記憶できるのですか？

理解すると情報が関連づけられたり、圧縮できるため、
記憶がラクになります。理解していくためにも、まずは
目次項目だけを3ステップ記憶術も使って確かなものにしてください。
目次項目が、理解のための土台となってくれるので。

解説

記憶術のワナ

頼りすぎると墓穴を掘る

さて、記憶術のパワーに気づきはじめた秋生さんは、目次項目以外の項目も記憶術で覚えようとしはじめていますね。

ただし、これはすでにお伝えしていますが、記憶術の危険なワナです。こうやって、なんでもかんでも記憶術で記憶してしまおうとすると、だんだんと非効率になってきます。タイトルや小見出しなどの目次項目から文章に入ると、一気に情報量は増えます。これをすべてイメージ変換して記憶しようとすると、当然ながらイメージの数も増えます。

イメージは論理に関係なく自由につなげやすいのが利点ですが、それは逆に混乱の元にもなります。イメージが勝手に動きはじめ、関係のないイメージとくっつきはじめたり、イメージ同士が混じりあってきたりします。

また、インパクトの強いイメージを作っても、どれもこれもインパクトを強くしようとすると、だんだんとインパクトは弱まってきて記憶にも残りにくくなります。

そして最悪のケースとしては、イメージ記憶法自体に嫌気がさして、目次項目や「ここぞ」という知識（無意味で覚えにくい知識）にもイメージ記憶法を使わなくなってしまうことです。

そうならないように、**くれぐれもイメージ記憶法の使いすぎにはご注意ください。**

そして、だんだんと細かい知識に入るにつれて、会話にも出てきたように「理解」という記憶法が使えるようになります。円周率やトランプの並びを覚えるのとは違って、勉強するものは論理の流れやストーリーとして理解できるものです。イメージ記憶法で覚えた目次項目を足場として活用しながら、理解のほうへ舵を切ってください。

また、後ほど解説する「テキストまるごと記憶法」によって、「本の形」という記憶も活用できます。あくまで記憶術は、「思い出す」→「問いに変える」→「ざっくり読む」のプロセスを加速するための手段と位置づけましょう。

Chapter 7

3ステップ記憶勉強術

【上級編】本文の覚え方

風呂の中でも目次項目を思い出す

日本史を苦手にしていた秋生さんも、試験勉強というよりほとんど遊びに見える「目次イメージ記憶法」によって、日本史が身近になってきました。とうてい無理だと思っていた１００近い目次項目もちょっとしたスキマ時間（お風呂でも！）に思い出すことで、簡単に覚えられました。

しかし、ここからが本番。覚えた目次項目を足場に、細かい知識を理解、記憶していく必要があります。

もちろん、ここで軸となるのは３ステップ記憶勉強術。もう覚えてしまった目次項目を中心に「思い出す」。そして、思い出せた目次項目を「問いに

Chapter 7

3ステップ記憶勉強術

【上級編】本文の覚え方

苦手だったテキストが身近な存在に

変える」ことで、さらに細かい知識への関心を高めていきます。そうやって入れる器を準備してから、「ざっくり読む」ことで、だんだんと細かい知識を理解、記憶していくのです。

そして、これをさらに加速させていくのが「テキストまるごと記憶法」です。自然と記憶に残ってくる本の「形」も含めて、3ステップ記憶勉強術を進めていくことで、問いを増やし、効果をさらに高めていくのです。

では、どのようにして本の「形」を含めた3ステップ記憶勉強術を進めていくのか？　会話を聞いていきましょう。

宇都出

本文を「ざっくり読」んでみて、覚えていることはありますか？

秋生

いや……。まだないですね……。

たとえば、「目次イメージ記憶法」で覚えた目次項目を思い出しながら、それを問いに変えて浮かんでくることはありますか？
「石器時代」は、どうでしょう？　何か思い出すことはありますか？

うーん。せいぜい、旧石器時代と新石器時代に分かれることぐらいでしょうか（193ページ参照）。

すばらしい！　**それも大きな一歩です。**　で、それを次は「旧石器時代って何だろう？」「新石器時代って何だろう？」という問いに変えればいいだけのことです。

そうやって言われると、覚えていることはありますね。

そうなんです。がんばって覚えようと思わなくても、さっと読んだだけでも記憶に残っていることはあります。

それをすかさず思い出して、くり返していけばいいだけです。次の縄文時代はどうでしょう（192〜193ページ参照）。

うーん。「縄文土器」以外にたくさんあって……。ただ、「墓制」という見出しだけは覚えています。これは何度も思い出すのをくり返して、すっかり覚えていますね。

いい調子です。私は、これを記憶とくり返しの相乗効果と呼んでいます。覚えているからたくさんくり返せる、そしてたくさんくり返すからはっきり覚えられる……といういい循環です。

そうやってくり返しを続けていけばいいだけなのですね。これなら、覚えられそうです。

言われてみると覚えている！

解説

目次から3ステップ

「目次イメージ記憶法」で目次項目を覚えてしまったら、そこを足場にして、「思い出す」→「問いに変える」→「ざっくり読む」の3つのステップをくり返していきます。

覚えた目次項目を思い出すのは簡単でしょうから、それを問いに変えていくのです。たとえば、「縄文時代とは？　どんな特徴があったのだろう？」という具合です。

そして、そんな問いを持ちながら、テキストをざっくり読んでいきます。

ざっくり読んだら、すかさず思い出す、ですが、その際のキーワードは、ざっくり読むの「ざっくり」です。**「思い出す」ときも、きっちり思い出そうなんてがんばる必要はありません。とりあえず、思い出せるものを思い出せばいいのです。**つまり、「ざっくり」です。

思い出せるものとしては、たくさんある小見出しのうちの一つであってもかまいません。そして少しの記憶であっても、捨てずに使って、「問いに変える」ことが大事です。「『墓制』の次の見出しは何だろう?」という問いに変えればいいだけです。

こういうふうに「ざっくり」と量を減らすのは、ラクして非効率なように思うかもしれませんが、実は効率的なのです。がんばって量を増やすと、逆にそのがんばりが仇になって混乱を招き、くり返しもできなくなってしまいます。

↓㉒そのがんばりが逆効果　わかろうとするな　覚えようとするな!

たとえば、モノを運ぶときに欲張って一度にたくさん運ぼうとすると、途中でモノを落としたりして逆に効率が悪くなることがあるでしょう。それと同じです。欲張らずにムリなく運べる量に絞って、「思い出す」↓「問いに変える」↓「ざっくり読む」の3つのステップ・プロセスを回転させていくのです。そうすれば、だんだんと細かいところに入り、本文全体をいつのまにか記憶・理解できるようになってきます。

宇都出

弥生時代（192ページ参照）という項目に、何が書いてあるか思い出してみてください。

秋生

えーと。かなりくり返したのに出てこないですね。
確か、6つ見出しがあって、弥生土器と墓制はありました。

いいですね。**そこは覚えていますよね。**
弥生時代のところには、弥生土器と墓制を含む6つの見出しがあったことは覚えているわけです。
あとは「そのほかの4つ、1つめは何だろう？」と問いをくり返して、本を回転させていけば、だんだんと入ってきますよ。

確かに6つというのは残っていますね。えー、あぁ、
いま気づきましたが、「弥生土器」という見出しの前に2つほど見出しがあって……。「墓制」はあとのほうで……。
そう、最後は「社会」でした。

こうやってだんだんと引っかかるところを増やして、細かいところを覚えていけばいいんです。

たとえば、次は「弥生土器の前の見出しは何だったんだろう？」という問いに変えて、これをくり返していけばいいだけです。

なるほど……。ただ、いまは何も浮かんできませんが……。

それでいいですよ。問いをくり返していれば、今度読んだときにくっついてきますから。そのときも文章をいきなり全部読もうとしてはいけません。「ざっくり読む」のです。量を減らすほうがくり返しが起きて定着しやすいので、最初から欲張らないことです。

記憶した見出しから細かいところに入ればいい！

解説

テキストまるごと記憶法

自然に覚えていることを使う

先ほど、ある目次項目の下にぶらさがっている「小見出しの数」が記憶に残っていることを手がかりに、そこから問いに変えていく方法をお伝えしました。

実際、試験勉強の記憶術の本には、まずは項目数がいくつあるかを覚えることを勧めているものがかなりあります。確かに、項目内容はいきなり覚えられなくても、数がいくつあるかは覚えやすいので、そこから覚えていくのは有効です。

「テキストまるごと記憶法」でも、この項目数をはじめとして、自然と記憶に残りやすい「形」を活用して、「思い出す」→「問いに変える」→「ざっくり読む」を加速させていきます。ただ、見出しの数など「形」を覚えようとすると、非効率になっていくというワナにはまります。見出しの数を覚えようとして読んではいかないのです。

あくまで、**がんばらないで自然と記憶に残っている「形」を活用するのがポイントです。**ここは、3ステップ記憶勉強術に慣れはじめた人が陥りやすいワナなので気をつけてください。

ある意味、「形」は思い出す際の切り口ぐらいに考えておいてください。ここで気づかれると思いますが、3ステップ記憶勉強術の3つのステップには、「覚える」というステップは入っていません。「目次イメージ記憶法」で目次項目を覚えてしまうというのは、あくまで例外なわけです。

「思い出す」ことは、あなたが自然に記憶しているものを浮かびあがらせる手段です。そして、同時に思い出すことによって、記憶を強化します。思い出すことができるものは、自然とくり返しが起きますし、くり返しは一気に増えていきます。

そして「問いに変える」ことも、思い出せるものをくり返し思い出しているので、さらに記憶は強化されていきます。このように、自然と思い出せるものを思い出し、そこから問いに変えれば、くり返しがどんどん起こって、がんばらないでも覚えてしまうのです。

見出しの数も
覚えていたら使う

葺きおろした竪穴住居が営まれた。

⑥墓制　死者の四肢を折り曲げて埋葬する屈葬《くっそう》が行われた。副葬品は伴っていない。

⑦風習　あらゆる自然物・自然現象に霊魂の存在を認め，それを畏怖し崇拝する原始信仰がみられた（アニミズム）。女性をかたどった土偶《どぐう》，歯を抜く抜歯《ばっし》などの呪術的習俗があった。

⑧社会　狩猟・漁撈・採集の生活を営む貧富の差のない平等社会。

3 弥生時代

①時期　紀元前４世紀から紀元３世紀。

②分布　北海道・南西諸島を除く九州から東北にかけて。

③弥生土器　焼成温度が高く，薄手で硬い。赤褐色で，無文か幾何学的な簡素な文様がある。ロクロは使用されていない。

④道具　大陸から伝来した青銅器・鉄器が用いられるようになったが，磨製石器も依然として多数使用された。日本では，青銅器は祭器・宝器として，鉄器は農具・武器・工具など実用具として用いられた。

●青銅器の分布

近畿	銅鐸
瀬戸内	平形銅剣
九州北部	銅鉾・銅戈

⑤墓制　死者の手足を伸ばして埋葬する伸展葬が行われた。九州北部は甕棺墓・支石墓が，近畿から関東にかけては方形周溝墓が多く見られる。これらの墓から副葬品が出土している。

⑥社会　水稲農耕が本格化したことにより，定住生活が一般化し，生活が安定するとともに，貧富の差や階級が発生した。

4 旧石器・縄文・弥生時代の遺跡

①岩宿遺跡（群馬県）　1946年相沢忠洋《ただひろ》が関東ローム層から土器を伴わない打製石器だけを発見したことから，日本における旧石器時代の存在が確認された。

住居

縄文	竪穴住居
弥生	竪穴住居
	平地住居
古墳	竪穴住居
	平地住居
	高床住居

北海道→続縄文文化
南西諸島→貝塚文化

土器

縄文土器	弥生土器
厚手	薄手
もろい	丈夫
黒褐色	赤褐色

甕棺墓

支石墓

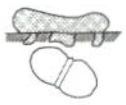

1日目
縄文・弥生・古墳時代

9

実務教育出版

覚えた目次項目を足場にほんの少しでも引っかかる、覚えている言葉や本の「形」を思い出してくり返しながら、新たな足場とします。さらにそれを問いに変えて細かいところに入りましょう。

秋生さんが取り組んでいる
テキストの本文

1日目

縄文・弥生・古墳時代

学習日	／
重要度	★
難易度	★★

今日学ぶこと

縄文・弥生時代の時期，土器，遺跡，生活様式の特色を区別して理解する。古墳時代を三期に分け，それぞれの時期の古墳の形態・内部構造・副葬品などを整理しておこう。

学習上の注意点

公務員試験では，縄文・弥生・古墳時代の時代ごとの区別ができているかどうかを試す問題が多く見られる。土器・遺跡・生活様式等の特徴をしっかり押さえておきたい。

1 石器時代

①旧石器時代　更新世（約200万年から約１万年前）に人類が打製石器を用いて，狩猟・漁撈・採集の生活をしていた時代。日本では，土器を使用していないことから先土器文化という。

②新石器時代　農耕・牧畜の開始と磨製石器・土器の使用を特色とする時代。日本では，縄文時代からこの段階に入るが，狩猟・漁撈の採集経済が中心で，晩期になって西日本の各地で水稲農耕が始まった。

2 縄文時代

①時期　1万2000年前から紀元前５～４世紀。

②分布　日本列島全域。

③縄文土器　焼成温度が低く，厚手だけれども壊れやすい。黒褐色の土器で，表面は撚糸状の縄目文様が多い。

④道具　打製石器に加えて，中期頃から磨製石器が作られ，使用された。素早く動く中小動物を捕らえるため，弓矢が出現した。また，動物の骨などで作られた骨角器が漁具として用いられた。

⑤住居　地面を掘り下げ，柱を直接たててその上に屋根を

石器時代

旧石器時代	新石器時代
更新世	完新世
氷河時代	気候温暖化
打製石器	磨製石器
狩猟・採集	農耕・牧畜

打製石器
石を打ち欠いて製造した石器。握槌→石刀→尖頭器→細石器と発展する。

磨製石器
石を研磨して製造した石器。石斧，石鏃，石錘，石匙，石皿などがある。
※石斧には打製もある。

8

ほんの少しでも覚えていることを捨てない

宇都出：まだ、ほかに覚えていることは、ありませんか？

秋生：え？　さすがに、もう覚えていることはないですが……。

宇都出：たとえば、最初の項目、縄文・弥生・古墳時代はどちらのページからはじまっていたか覚えていませんか？
左ページだったか、右ページだったかですが。

秋生：はじまりですか……。あぁ、それは左ページです。
でも、そんな記憶は役立たないでしょう？

宇都出：いえいえ、こういった記憶も役立つんです。
では、左ページからそれがはじまったことが思い出せるんですよね。
そのページに何が書いてあったか、覚えていますか？

秋生：え？　そこまではさすがに……。
そうやって覚えていれば、苦労はありませんよ。

宇都出：なんでもいいです。**ぼんやりとした記憶でもいいです。**
たとえば、次の項目の石器時代って、そのページにありましたよね。

右ページ、左ページ
こんな記憶が
役立つの？

ええ、まぁそれはもちろん。最初のタイトルは単なる説明ですから。
確か、石器時代というのが真ん中ぐらいにあって、
先ほど言いましたように、旧石器と新石器の話があって、
そのあとに次の縄文時代の話がはじまっていました。

すると、縄文時代もその左ページにあったということも
覚えていますね。

まあ、ぼんやりとですが……。
でもやはり、こんな記憶は役立たないですよね。

そんなことありません。先ほど、小見出しの数が6つだったのを
覚えていて、そこから細かいところに入っていきましたよね。
それとやっていることは同じなんです。

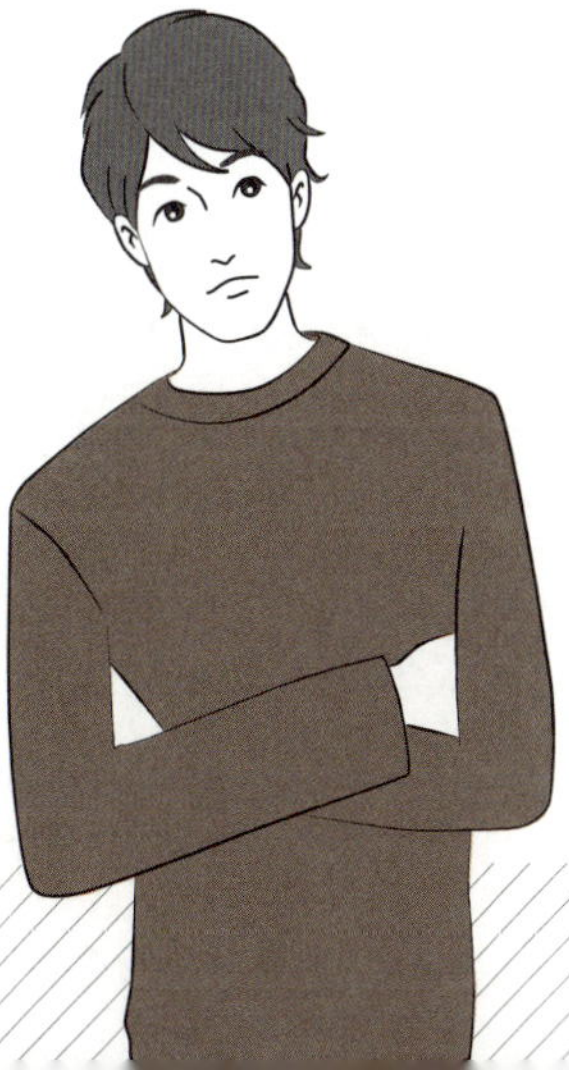

解説

がんばって記憶しない

目次と残っている記憶を捨てないで活用

すでに秋生さんとの会話のなかで、「テキストまるごと記憶法」がどういう記憶法なのかわかってもらえましたね。「目次イメージ記憶法」が文字どおり、記憶しようという方法なのに対して、これは記憶しようというより、自然と記憶に残っているものを浮かびあがらせる記憶法です。

そして、どちらの記憶法もそれ単独では効果はなく、これらを活用して、「思い出す」→「問いに変える」→「ざっくり読む」の3つのステップをまわしていくことで、その効果を発揮します。そうやって少しでも覚えていることを使って、「思い出す」→「問いに変える」→「ざっくり読む」のステップをまわしていけばいいだけです。

なお、すでにお伝えしたように、「テキストまるごと記憶法」では、**「自然と残ってい**

る」記憶を活用することがポイントです。これをムリにがんばって記憶しようとすると、非効率になってしまいます。

たとえば、会話にもあったように、ある目次項目が左ページはじまりか、右ページはじまりかの記憶。これを、「ざっくり読む」ステップのときに、「縄文・弥生・古墳時代は左ページはじまりだな。よしこれを覚えなければ……左ページはじまり、左ページはじまり……」なんていうように覚えようとすると、「ざっくり読む」ときの意識がそちらに向いて、脳のリソースもそこに使われてしまいます。それでは、本末転倒です。

もちろん、これまではまったく意識せずに捨てていた、タイトルや見出しの位置や数、図表の大きさ、位置などの記憶を思い出して活用することで、自然とそちらに意識が向くようにはなるでしょう。ただし、くれぐれもそれを覚えようとはしないでください。「テキストまるごと記憶法」というのは、これまでは役に立たないと捨てていたものを再利用しようというものであって、再利用できるからといってがんばって集める必要はないのです。

大事な脳のリソースは、構造や内容を読むことに振り向けていきましょう。

解説

場所・経験記憶

本の「形」が記憶に残る理由

ところで、本の「形」に関する記憶は、なぜ残りやすいのでしょうか?

それは、「目次イメージ記憶法」で使った「基礎」を思い出してもらえればわかるでしょう。なぜ、「基礎」を使うかというと、場所に関する記憶は生存上大事な記憶だったので、人間を含めた動物には残りやすいからでした。

そして、この「テキストまるごと記憶法」で使っている本の「形」も、同じように場所に関する記憶がほとんどなのです。自宅から駅までの道のりを歩くことで、その道のりにある場所や目印が覚えられたのと同じように、あなたは本という道のりを「歩く」ならぬ「読む」ことで、その道のりにあった場所や目印、つまり、本の「形」を覚えられるのです。

➡㊱本は「記憶のための道具」 本を覚えるのではなく本で覚えろ!

さらに別の角度から、なぜ記憶に残りやすいのかを説明しましょう。「目次イメージ記憶法」で使う「基礎」にしろ、「テキストまるごと記憶法」で使う「形」にしろ、それはあなたが実際に経験した「経験記憶」（エピソード記憶）だからです。

記憶にはさまざまな分類がありますが、分類の一つに人が実際に体験した経験に関する「経験記憶」（エピソード記憶）と、実際に経験していない知識に関する「知識記憶」（意味記憶）に分ける方法があります。

そして、10歳ぐらいまでの子どもは「経験記憶」より「知識記憶」のほうが覚えやすいのに対して、10歳以降、そして**大人になればなるほど、「知識記憶」は覚えにくくなり、「経験記憶」のほうが覚えやすい**ことが知られています。

実は、過去問にしろテキストにしろ、そこに書かれている知識に関する記憶は「知識記憶」であり、なかなか記憶に残りにくいのです。一方、あなたが実際に見たなどの経験したことに関する記憶、すなわち「経験記憶」は、記憶に残りやすいのです。

「テキストまるごと記憶法」は、この残りやすい経験記憶を足場にして、実際の試験では重要になる知識記憶を引っかけて記憶、さらには理解しようという方法なわけです。

表は大きさや、タイトル、列の数、行の数が足場になる

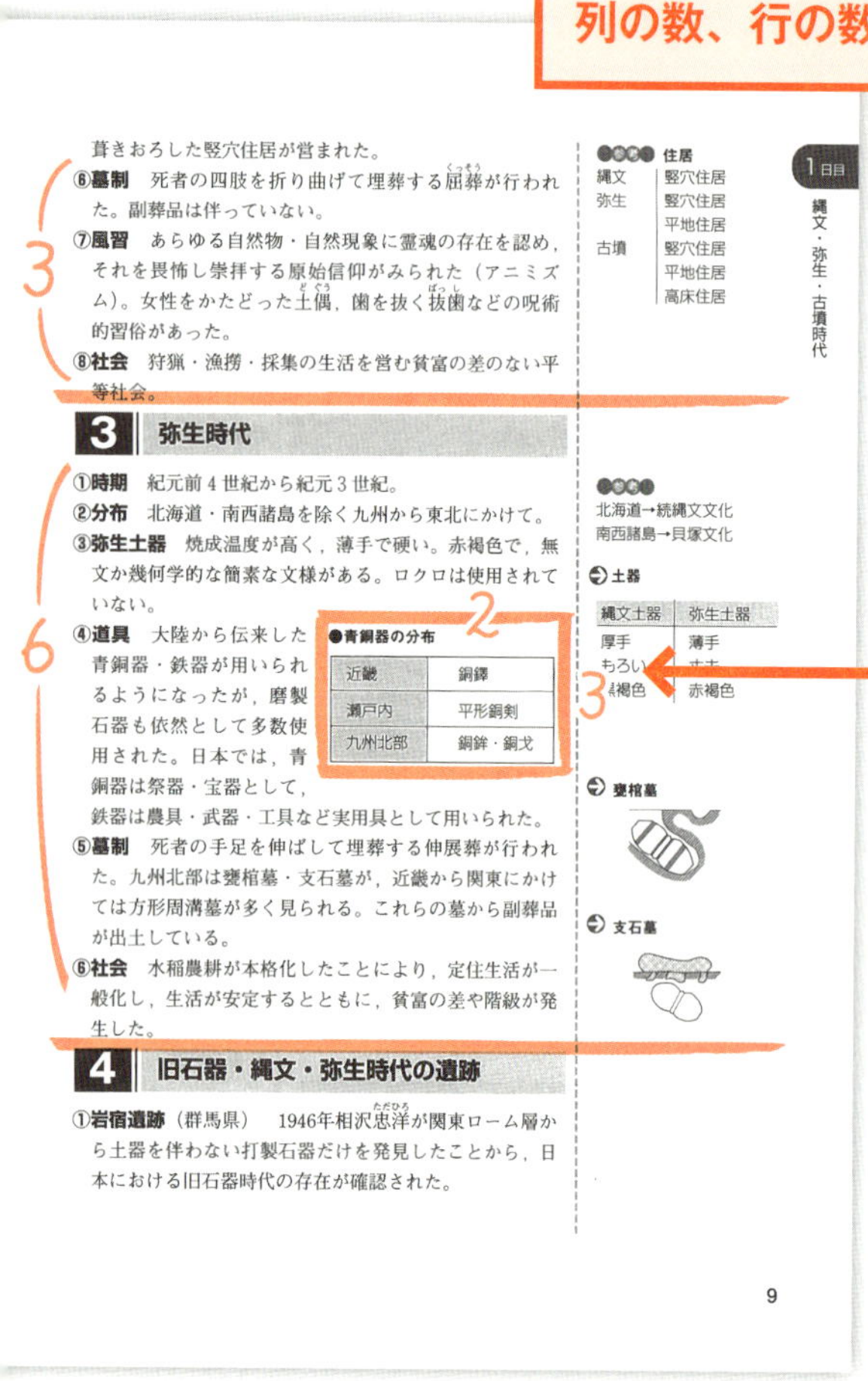

葺きおろした竪穴住居が営まれた。

⑥墓制　死者の四肢を折り曲げて埋葬する屈葬《くっそう》が行われた。副葬品は伴っていない。

⑦風習　あらゆる自然物・自然現象に霊魂の存在を認め，それを畏怖し崇拝する原始信仰がみられた（アニミズム）。女性をかたどった土偶《どぐう》，歯を抜く抜歯《ばっし》などの呪術的習俗があった。

⑧社会　狩猟・漁撈・採集の生活を営む貧富の差のない平等社会。

3　弥生時代

①時期　紀元前4世紀から紀元3世紀。

②分布　北海道・南西諸島を除く九州から東北にかけて。

③弥生土器　焼成温度が高く，薄手で硬い。赤褐色で，無文か幾何学的な簡素な文様がある。ロクロは使用されていない。

④道具　大陸から伝来した青銅器・鉄器が用いられるようになったが，磨製石器も依然として多数使用された。日本では，青銅器は祭器・宝器として，鉄器は農具・武器・工具など実用具として用いられた。

●青銅器の分布

近畿	銅鐸
瀬戸内	平形銅剣
九州北部	銅鉾・銅戈

⑤墓制　死者の手足を伸ばして埋葬する伸展葬が行われた。九州北部は甕棺墓・支石墓が，近畿から関東にかけては方形周溝墓が多く見られる。これらの墓から副葬品が出土している。

⑥社会　水稲農耕が本格化したことにより，定住生活が一般化し，生活が安定するとともに，貧富の差や階級が発生した。

4　旧石器・縄文・弥生時代の遺跡

①岩宿遺跡（群馬県）　1946年相沢忠洋《ただひろ》が関東ローム層から土器を伴わない打製石器だけを発見したことから，日本における旧石器時代の存在が確認された。

住居

縄文	竪穴住居
弥生	竪穴住居
	平地住居
古墳	竪穴住居
	平地住居
	高床住居

北海道→続縄文文化
南西諸島→貝塚文化

➲土器

縄文土器	弥生土器
厚手	薄手
もろい	[illegible]
[illegible]褐色	赤褐色

➲甕棺墓

➲支石墓

1日目
縄文・弥生・古墳時代

9

実務教育出版

歩いた道の風景が記憶に残りやすいように、読んだ本の「形」も何かしら残っています。それを捨てずに活用します。書き込んだ線や文字も活用して思い出し、問いに変えていきましょう。

秋生さんが取り組んで書き込みはじめたテキストの本文

1日目 縄文・弥生・古墳時代

学習日 ／
重要度 ★
難易度 ★★

今日学ぶこと

縄文・弥生時代の時期，土器，遺跡，生活様式の特色を区別して理解する。古墳時代を三期に分け，それぞれの時期の古墳の形態・内部構造・副葬品などを整理しておこう。

学習上の注意点

公務員試験では，縄文・弥生・古墳時代の時代ごとの区別ができているかどうかを試す問題が多く見られる。土器・遺跡・生活様式等の特徴をしっかり押さえておきたい。

1 石器時代

①旧石器時代　更新世（約200万年から約1万年前）に人類が打製石器を用いて，狩猟・漁撈・採集の生活をしていた時代。日本では，土器を使用していないことから先土器文化という。

②新石器時代　農耕・牧畜の開始と磨製石器・土器の使用を特色とする時代。日本では，縄文時代からこの段階に入るが，狩猟・漁撈の採集経済が中心で，晩期になって西日本の各地で水稲農耕が始まった。

石器時代

旧石器時代	新石器時代
更新世	完新世
氷河時代	気候温暖化
打製石器	磨製石器
狩猟・採集	農耕・牧畜

2 縄文時代

①時期　1万2000年前から紀元前5～4世紀。

②分布　日本列島全域。

③縄文土器　焼成温度が低く，厚手だけれども壊れやすい。黒褐色の土器で，表面は撚糸状の縄目文様が多い。

④道具　打製石器に加えて，中期頃から磨製石器が作られ，使用された。素早く動く中小動物を捕らえるため，弓矢が出現した。また，動物の骨などで作られた骨角器が漁具として用いられた。

⑤住居　地面を掘り下げ，柱を直接たててその上に屋根を

打製石器
石を打ち欠いて製造した石器。握槌→石刀→尖頭器→細石器と発展する。

磨製石器
石を研磨して製造した石器。石斧，石鏃，石錘，石匙，石皿などがある。
※石斧には打製もある。

8

見出しの数を書いたり、
区切りに横線を引いたりする

秋生

言われてみれば、縄文時代は次の右ページにまたがって少し書いて
あって、次の弥生時代の項目になるんですが、それも覚えていますね。
確か右ページの縄文時代の小見出しは、3つぐらいだったような……。

宇都出

このように、どの項目が右ページだったとか、
ページ内の上にあったとか、真ん中にあったとか、下にあったとか、
そういう情報から内容を思い出すこともできるのです。

そういえば、試験のとき、どうしても思い出せないときに、
教科書を頭のなかで思い出しながら、確かあのへんに
書いてあったのに……と思い出すことがありますよね。

はい。**まさにそのとおりです。**
それを勉強のときからやろうということです。

確かに、内容までは覚えていなくても、
どのあたりに書いてあったかなどは覚えていますもんね。そうやって、
頭のなかでページをめくりながら思い出していけばいいんですね。

そうです。ほかには図や表なども記憶に残りやすいので、

その記憶を使っていきます。

そういえば、弥生時代に表がありました。
何の表だったか思い出せませんが……。

いいですね。どれぐらいの大きさだったか覚えていますか？

どうでしょう。そんなに大きくはなかったですね。
かなり小さかったと思います。

表のタイトルって、覚えています？　表が何行何列だったとかは？

タイトルですか……。確か、「道具」に関連する表でした。
2列ぐらいでしたね。
そうそう、「銅鐸」とか「銅剣」とか書かれていました。

解説

「脳内テキスト」を作る

「テキストまるごと記憶法」によって、本の「形」を使って思い出すくせがつけば、いわば「脳内テキスト」ができてきます。試験本番では脳内テキストを参照することで、ラクに思い出して答えることができるのです。

⬇コラム❻脳内テキストを作る＝テキストまるごと記憶法

それでは、「テキストまるごと記憶法」で使う本の「形」をここで整理しておきましょう。実際のテキストを例に解説していきますね。200〜201ページも合わせてご覧ください。

まずは、すでに覚えている目次項目が右ページにあったか、左ページにあったか。そして、ページの上中下どのあたりにあったか。そして、その目次項目にかかわるページが何ページぐらいあったかです。

テキスト
まるごと記憶法
で使う「形」

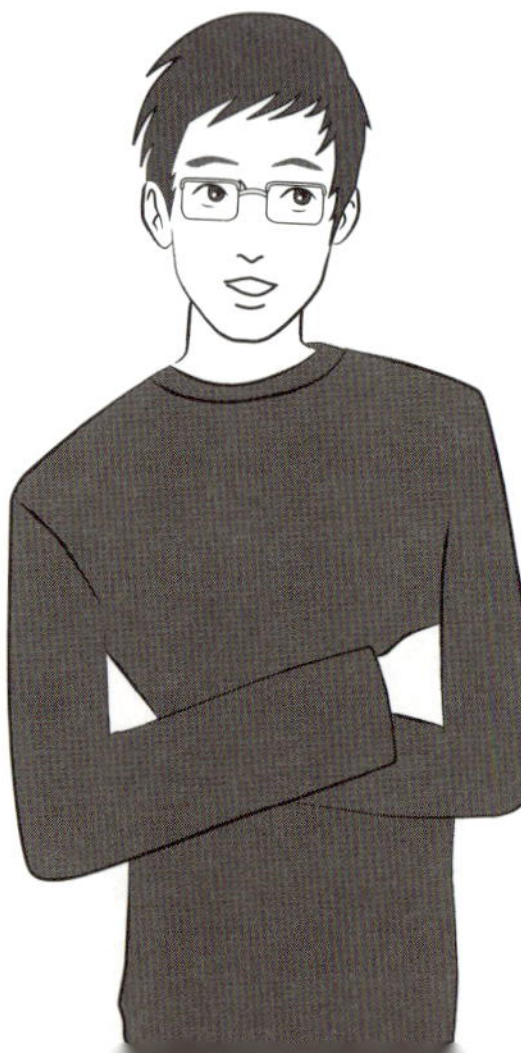

なお、すでに覚えている目次項目だけでなく、小見出しに関しても、左ページ・右ページやページ内での位置、その分量などの記憶は使えます。

そして、図表も記憶に自然と残りやすいので使えます。これも先ほどの目次項目と同じように、左ページ・右ページやページ内での位置、その分量ですね。そして、すでに覚えている目次項目との関連づけで引っかけておくといいでしょう。

そして表であれば、何行何列だったかというのも使えます。思い出しやすいように表に行数や列数などの数字をサインペンで書き込んでおくのもおススメです。そうすると、否が応でも行数や列数は記憶に残っていきますから。

そして、「表のタイトルは？」「項目名は？」というように問いに変えて、だんだんと内容に入っていけばいいのです。

なお、本の「形」を思い出すときには、**実際に目の前にそのテキストがあることをイメージして、実際にページをめくるようにしていくと効果的です。**その際に、手を上げて動かしてみてください。すると、手を使ったほうが、よりイメージが鮮明になることに気づかれるでしょう。

Chapter 8

3ステップ記憶勉強術

【上級編】1か月後&まとめ

苦手だった日本史に興味が……

苦手だった日本史のテキストの目次をイメージ記憶で覚え、それを足場に「テキストまるごと記憶法」に取り組みはじめた秋生さん。

目次を覚えることで全体像が把握でき、これがかなり大きかったようで、見違えるように日本史に取り組みはじめました。

流れがつかめるとおもしろくなり、いままで無味乾燥だったさまざまな言葉に興味が出はじめてきました。最近では、食事のときにも家族をつかまえて、日本史の講釈をしはじめる始末。これまでまったく興味がなかったＮＨＫの大河ドラマも見はじめました。

気がつくと、テキストを思い出していて、どんどん記憶・理解が進んでいます。

ただ、公務員試験は日本史以外にもたくさんの科目が出題されるため、そのほかの科目の勉強もしなくてはならず、いまはどれだけ日本史の勉強時間を減らすかが課題になってきました。

また、テキストと同時にまわしている過去問をどう処理していくのか？　テキストをどこまで覚える必要があるのか？　なども気になってきました。

そこで、試験まであと1週間になったところで、再び個別指導を受けることになりました。

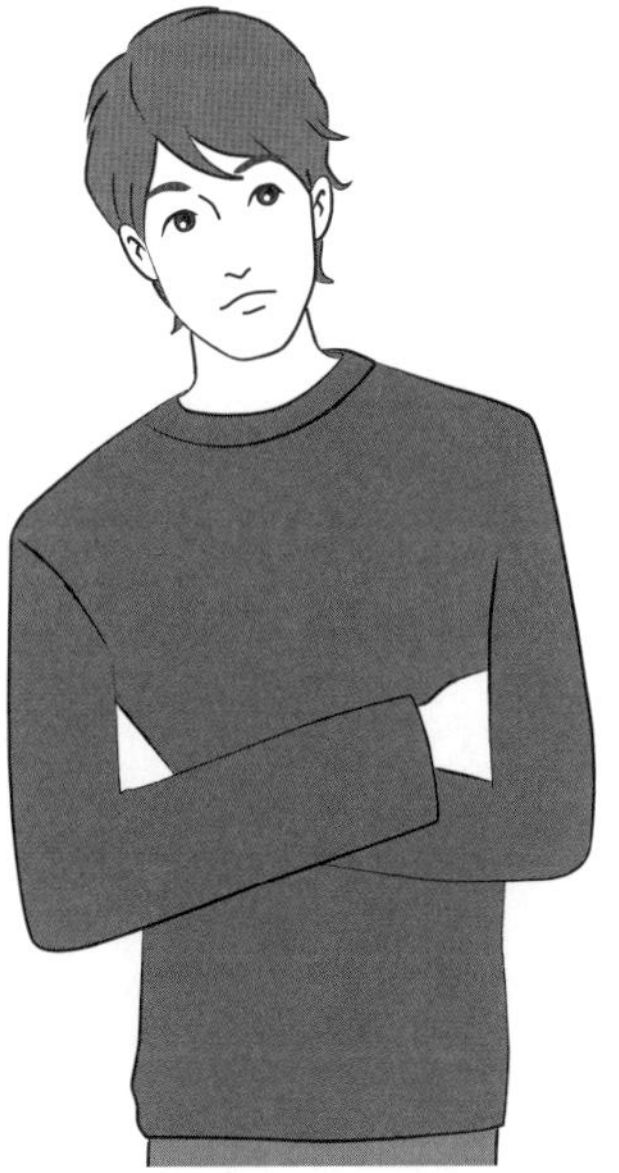

たくさんの科目を
どう勉強していくか……

宇都出

前回の個別指導から1か月近く経ちましたが、「脳内テキスト」はできましたか？

秋生

まだ「脳内テキスト完成！」とまではいかないですが、「脳内テキスト」という感覚はわかってきました。自然と頭のなかでテキストのページをめくっている自分がいます。

いいですね。公務員試験の日本史は記述・論述式ではないので、まったくのゼロから思い出す必要はありませんし、細かいところまで、正確に思い出せなくてもいいですよ。

そこを確認したかったのですが、試験までにどんな状態をめざせばいいんでしょう？

「脳内テキスト」といいましたが、実際には見出しや用語を見て、それが意味する内容を説明できれば十分です。過去問も回転させていますよね？

はい。過去問を回転することで、どんな知識がどういう形で問われるかはわかるようになってきました。

テキストと過去問の関係？

これを意識して、テキストも読んで思い出せばいいのですね？

そのとおりです。自分が問題作成者になった気持ちでいろいろな角度からテキストを読んだり、思い出したりするのがおススメです。

過去問も回転していますが、最終的にこれはテキストとどう組み合わせたらいいでしょう？　重複する部分も多いので。

すでにテキストを中心に回転されていますから、テキストに過去問を統合する形にしていけばいいでしょう。

具体的にはどうすればいいんですか？
過去問をテキストに書き込んでいくんでしょうか？

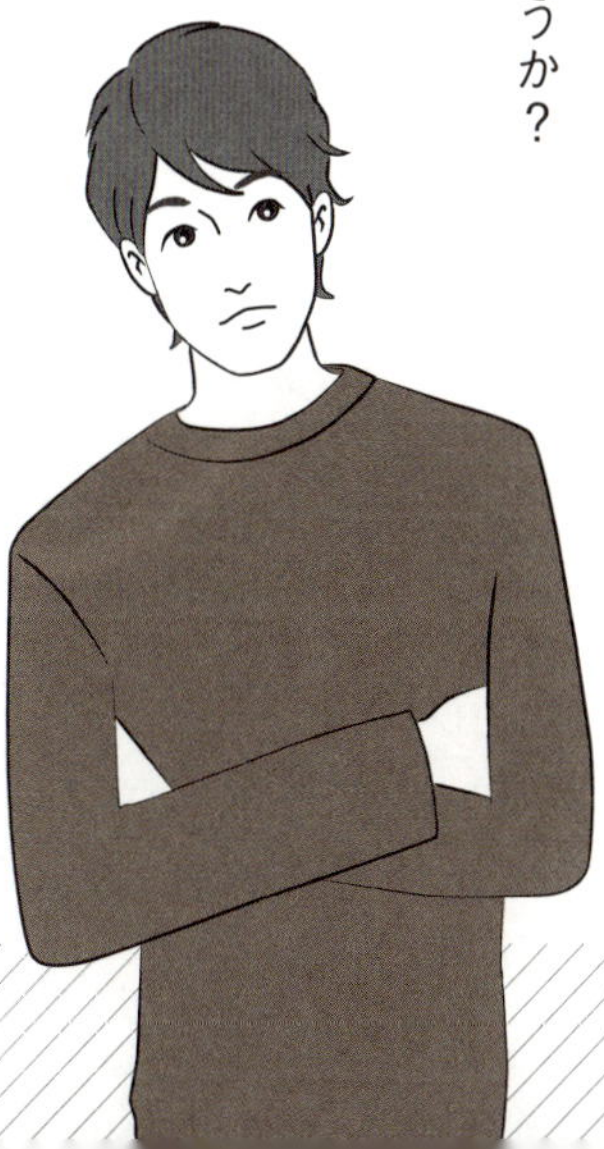

解説

一元化する

通常、択一式試験であれば、私は過去問を中心に3ステップ記憶勉強術をやることをおススメしています。もちろん、過去問の解答・解説でわからない部分については、テキストや参考書、インターネットを参照して補足することも必要です。

その際、おススメするのは、過去問の解答・解説に必要なことを書き込んだり、それを書いた紙を挟んだり張りつけたりすることです。

そうすることで、過去問1冊にすべての情報を集約・一元化するのです。秋生さんのようにテキストの目次イメージ記憶を行ない、テキストまるごと記憶にも取り組んでいる場合には、テキストを中心にして、過去問を回転するなかでテキストに書かれていない知識をテキストに書き込んで集約・一元化することをおススメしています。

この知識の一元化は、試験勉強を効率的・効果的に行なうためには非常に重要です。なぜかというと、**一元化することで何を読むか、何を思い出すか、迷うことがなくなる**からです。こうやって試験勉強をシンプルにすることで、実際に勉強に取り組むまでのムダな時間を省くことができます。➡❽買っただけのテキスト・問題集……　何を勉強するかを決めろ！

ただ、一元化は大事ですが、焦って行なうと、かえって非効率になります。たとえば、過去問にテキストの内容を書き込むにしろ、その逆にしろ、何を書き込むかは、最初のうちはまだ不明確なことがよくあります。そもそも、何がわかっているのか、何がわかっていないのかがわからないと、何を書き込むべきかもわからないからです。

そこで、何を書き込むべきかをわかろうとすると、そこで止まってしまい、従来の勉強法に戻ってしまいます。

なので、一元化のメリットをわかりつつも、理解・記憶と同じように、3ステップをくり返し行なうなかで、だんだんと一元化していくのが正解です。

秋生

そのほか、「テキストまるごと記憶法」をするうえでのポイントはありますか？

宇都出

本の形を思い出す際に、テキストをイメージして、手を動かして指差しながら行なうと、効果的ですよ。

へえ…そうですか。なるほど……確かにイメージしやすいですね。やってみます。

逆に、悩んでいることなどありますか？

思い出したり、読んだりするスピードはかなり上がってきましたが、ほかの科目の勉強もあり、毎日全部を行なうのがきつくなってきました。どうすればいいでしょう？

確かに公務員試験は科目数が多いですからね……。日本史全体を思い出してみて、かなりくり返して覚えてきたというところとそうではないところはありますか？

覚えたら放置してもいいの？

やはり、古い時代のほうがそこからはじめたので、よく覚えています。
覚えているところはラクにくり返せるので、
ついつい覚えているところばかりやりがちですね。

記憶はくり返す回数が増えるほど、忘れるスピードが
遅くなってきます。なので、かなりくり返してきたところは、
くり返すまでの間隔をあけても忘れなくなってきます。

そういったところは毎日何回もくり返すのは時間のムダですね。

ムダというわけではないですが、そこを回転する時間のために、
ほかの部分を思い出したり、読んだりするのが
できていないのであれば、重点を移したほうがいいですね。

どれくらいの
間隔をあけても
大丈夫でしょうか？

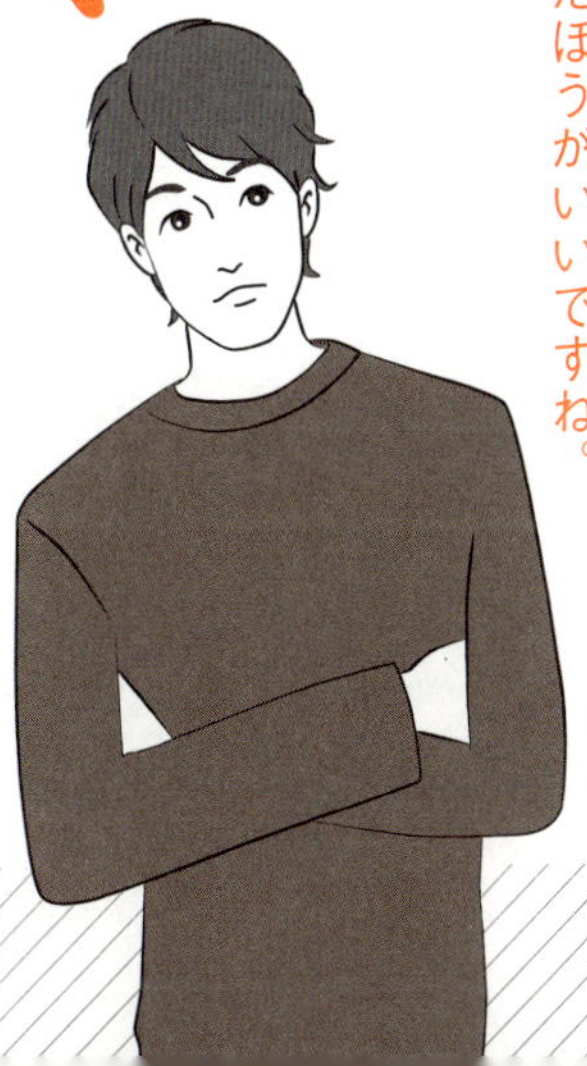

解説

「皿回し」のイメージで

3ステップ記憶勉強術では、3ステップをくり返すなかでだんだんと細かいところを理解・記憶していきます。ある範囲を仕上げて次の範囲に移るという形ではないので、だんだんと範囲を広げ、最終的には全範囲を対象に3ステップを行なう形になります。

一科目であればまだラクですが、科目数が多い試験ではかなりの範囲になります。

3ステップをくり返して理解・記憶が進んでくると、思い出したり、読んだりするスピードは上がってきますし、常識化したり覚えたりしたところを消すことで、ラクにはなっていきます。しかし、毎日、全範囲は行なえない場合もあります。

では、どのように3ステップ記憶勉強術を続けていけばいいのでしょう？　時間がないからといって、せっかく進めてきた範囲を放置してしまえば、だんだんと忘れ、理

皿を落とさないためにも目次が大事だ

解・記憶のレベルが落ちてしまいます。そうなってからまた取り組みはじめても、まったくのゼロからではないにしても、理解・記憶を元に戻し、さらに進めるためには時間がかかります。➡㉜「くり返し」は脳の本質　「くり返し」を避けるな　受け入れろ！

ここで活用してもらいたいのは、**くり返すほど忘れるスピードは遅くなるという記憶の性質です。**これは、「エビングハウスの忘却曲線」という名でよく知られています。ただし、どれくらいの間隔をあけていくかは、実践のなかでつかむほかありません。

よく、1日後、1週間後、1か月後、3か月後の4回復習すれば大丈夫なんていう勉強法がありますが、私の体験から考えても、それでは試験に通用しません。

そこで、私がお伝えしているのが、「皿回し」の感覚です。たくさんの棒の上で同時に皿をまわす「皿回し」です。ある程度くり返していれば、少しの間、放置しておいてもまわり続けます。しかし、放置しすぎると皿は落ちてしまいます。「落ちそうかな……」と、気になったらすかさず3ステップを行なってまわすわけです。

このためには全範囲をざっとでも常に意識することが必須です。そのために使えるのが目次です。目次だけでも必ず1日1回は思い出す、ざっくり読むことで、どの皿をまわさなければいけないか、どの皿は少し放置しておいてもいいのかがわかるのです。

秋生

「皿回し」というのはよくわかります。皿回しもそうだと思いますが、最初が一番エネルギーがいりますよね。3ステップでも、新しい範囲に入るときが大変でしたね……。

宇都出

そうですね。なかなか新しい範囲に入れない人もいます。だからこそ、目次でタイトルや小見出しだけでも覚えておくとラクなんです。

なるほど……。確かに目次を覚えておいたので、小さい皿ですが、まわせていたともいえますね。そして、目次を覚えているとそれを思い出すのはラクですから、皿を落とすこともないですね。

目次は本当に大事です。私は、本文のために目次があるのではない。目次のために本文はある、なんていうこともいいます。目次を見てすべて語れればいいわけですから。

そう思うと、目次を覚えているのでこのテキストがもう自分の手のなかにあるような気になりますね（笑）。

本当にそうですよ。実際、日本史について語ろうと思えば、かなり語れるでしょう？

そうですね。強引にイメージで覚えた目次ですが、いままではその意味をかなり語れます。最初は丸暗記する勉強法だと思いましたが、理解のための記憶なんですね。

理解のための記憶であると同時に、記憶のための理解でもあります。理解すれば、記憶はより強くなりますから。

記憶と理解の好循環をいかに作り出すかがポイントですね。

そうです。そうそう、その好循環を加速させる思い出し方をお伝えしましょう。これで試験本番まで走り切ってください！

記憶と理解の好循環ですね

解説

要約する

記憶と理解、具体化と抽象化好循環を起こすことがカギ

3ステップ記憶勉強術は、その名前からもわかるように、「記憶」を活用する勉強法です。しかし、単なる丸暗記法ではありません。記憶を使って理解する方法、理解を加速させる方法なのです。

そして、これが、最高の記憶法でもあるのです。なぜなら、試験で取り組む科目はどれも意味があり、理解できるものであり、理解によって記憶が強化されるからです。

秋生さんとの会話にも出てきましたが、「記憶するから理解できる」「理解するから記憶できる」という原理があります。理解しようにも言葉自体を知らなかったり、なじんでいなければ理解もできませんよね。

⬇コラム❹行動分析学から高速大量回転法を解説する

また、一見バラバラに見える情報も、そのつながり、関係を理解すれば、記憶はラク

になります。この記憶と理解の好循環をまわすこと、加速させることが試験勉強を効率的・効果的に動かすカギなのです。

やみくもに覚えようとしても非効率ですし、がんばってわかろうとするのも効果が低いのです。3ステップ記憶勉強術を実践するだけで、あなたは記憶と理解の好循環をまわすことができます。思い出し、問いに変え、ざっくり読むことで、情報と情報をつなげていくことになるからです。また、目次から本文というように進めていくことは、階層構造で情報を整理することになり、理解が深まります。

そうやってだんだんと細かいところまで押さえたうえで、おススメしたい思い出し方が、「要約する」です。簡単に言えば、**「要するに……」「一言でいえば……」という形で、ある部分の内容を表現することです。**

これまでに、「○○って何だろう?」と問いに変えながら、だんだんと具体的な細かい知識に入っていった流れを逆に向かわせるのです。これによって、知識の抽象化が進み、より理解が深まります。記憶と理解と同様、具体化と抽象化の好循環を起こしていくことがカギとなります。

3ステップ記憶勉強術は、3ステップ「理解」勉強術でもあるのです。

Chapter

9

3ステップ記憶勉強術

【応用編①】
英単語

英単語集をいかに3ステップするか？

大学受験生をはじめ、社会人もＴＯＥＩＣの高いスコアが求められるなど、英語の勉強は必須になってきています。

英語の勉強のなかではずせないのが、英単語の記憶。やはり、単語の意味がわからないと、英語を読むにしても聞くにしてもわからないですからね。

ただ、この英単語の記憶は、かなりやっかいです。というのも、英単語の記憶、つまり英単語の英語（スペル・発音）とその意味（日本語）のつながりは、基本的に無意味であり、ひたすら覚えるしかないからです。

確かに、語源や接頭辞、接尾辞に注目したりすることで、英単語そのものにも意味があることがわかりますが、それも限定的です。しかも、まさに英単語ですから、単語レベルでバラバラでやたらと数が多くなります。

それをベストセラー英単語集の『ＤＵＯ』のように文章で覚えようとアプローチするものもありますが、基本的にはバラバラの知識であり、理解して記憶するという技はほ

Chapter 9

3ステップ記憶勉強術

【応用編①】英単語

TOEICの点数をアップしたい春代さん

とんど使えません。このため、「目次イメージ記憶法」で目次を柱に立て、そこからだんだんと細かいところを理解・記憶していくことはできません。

英単語集では、どのように「3ステップ記憶勉強術」を活用していけばいいのか？

この章に登場するのは、夏子さんのお母さんの春代さん。昔からやりたかった英語の勉強中です。

まずは、ＴＯＥＩＣの点数アップをめざし、ＴＯＥＩＣ対策用の英単語集に取り組んでいるのですが、苦戦中。単発の個別指導を受けることになりました……。

読む気がするところだけを読む

街中・風景・建物などを表す（1）

□ **creek** [kri:k]
名 小川、小さな港
類 brook 名 小川 →creekよりも小さい。
The **creek** flows into the pond at the edge of the park.
その小川は公園の端の池に流れ込んでいる。

□ **detached** [ditǽtʃt]
形 一戸建ての、分離した →detach（分離する）の過去分詞。
類 isolated 形 孤立した　solitary 形 人里離れた
My area has more **detached** houses than apartment buildings.
私が住んでいるところは、アパートよりも一軒家が多い。

□ **district** [dístrikt]
名 地区、行政区、選挙区　動 地区に分ける
類 plot 名 小区画の土地　quarter 名 地区、地域
Houses in this **district** are the most expensive in town.
この地区の家は町で最高級のものばかりだ。

□ **drought** [dráut] 発音注意！
名 干ばつ、（深刻な）欠乏
派 droughty 形 干ばつの、乾燥した
Crops are dying around here from the three-month **drought**.
このあたりの作物は3か月に及ぶ干ばつで枯れていっている。

□ **facilitate** [fəsílətèit]
動 楽にする、促進する、助長する
派 facilitation 名 促進、助長　facility 名 施設 →p.24
The new bridge will **facilitate** people crossing the river by car.
その新しい橋で、人が車で川を渡れるようになるでしょう。

□ **glimpse** [glimps]
名 ちらっと見ること　動 ちらりと見る
類 glance 名 一瞥、ちらっと見ること
I caught a **glimpse** of the movie star as she left the hotel.
その映画スターがホテルから出るところを見かけた。

4 頻出ジャンルの英単語・英熟語を網羅

241

実務教育出版

いきなり全部の意味や、類義語や例文を読もうとがんばらないようにしましょう。ラクに読めるならば理解や記憶をサポートしてくれるので読むのはお勧めですが、量に圧倒されると逆効果です。

春代さんが取り組んでいる英単語集

CD 2-57

第1課

☐ **affluent** [ǽfluənt]
形 裕福な、富裕な、…の豊富な(= abundant)
派 affluence 名 富、財、富裕(= wealth)

Affluent people have huge homes on the hill above town.
町の丘の上に裕福な人たちが大邸宅を持っている。

☐ **alley** [ǽli]
名 (車などが通れない)狭い道路、小径
類 footpath 名 小道、人道　例 a blind alley「袋小路」

Put the trash out in the **alley** between the buildings.
ビルのあいだの小径にゴミを出してください。

☐ **arbor** [ɑ́ːrbər]
名 木、樹木、主軸、シャフト、回転軸
類 timber 名 樹木、木材、森林　例 Arbor Day「植樹祭」

Let’s sit in the shade of the **arbor** outside.
外の木の陰にすわりましょう。

☐ **asset** [ǽset]
名 財産、強み、利点、宝、資産、財産(複数形で)
反 liabilities 名 債務、負債

The beach is this area’s main **asset** for attracting tourists.
そのビーチは旅行者を呼ぶためのこの地域の主要な財産である。

☐ **atmosphere** [ǽtməsfìər]
名 大気、状況、雰囲気
派 atmospheric 形 大気の、雰囲気のある

Our little fishing village has a very quiet **atmosphere**.
私たちが釣りに行く小さな村はとても静かな雰囲気の中にある。

☐ **compartment** [kəmpɑ́ːrtmənt]
名 区画、仕切った部分、仕切った客室
類 roomette 名 寝台車の1人用の小部屋

Put those books in the **compartment** under the counter.
その本をカウンターの下の仕切りに入れてください。

240 | 第4章　頻出ジャンルの英単語・英熟語を網羅

いきなり全部読もう、覚えようとしない

春代

英単語集を使って、英単語を覚えようとしています。ただ、なかなか覚えられなくて……。

宇都出

この英単語集をどのように読んで勉強されていますか？

どのように……ですか？
普通に読んで、くり返しながら覚えようとしていますが。

この英単語集の場合、英語が書いてあって、日本語での意味がいくつか、さらには、派生語や類義語、そして例文も英語と日本語で載っていますね。これらを**全部読もうとしていますか？** さらには、覚えようとしていますか？

ええ……まあ。その点は、特に決めてはいないですが……。

では、この単語集はどんな状態になったら、「できた！」といって手放せますか？

全部覚えられたら、でしょうか？

それは、ゼロからこの単語集の内容を思い出せるようになったらということですか？　おそらく、そこまでは必要ないでしょうね。で、そもそもこの単語集で勉強している目的は何でしょう？

ＴＯＥＩＣの点数アップです。ＴＯＥＩＣを受けて、意味がわからない単語が多かったので。そう考えると、英語を見てなんとなくでも意味がわかればＯＫですね。

いいですね。このように、何をめざして勉強しているのかを明確にしていくことは大事です。特に英語は範囲が膨大ですから、あれもこれもになっては結局続かなくなります。

スッキリしました。これまであれもこれもと気になって、なかなか進めなかったので。

明確にしたら
スッキリ！

解説

めざす状態の明確化

「英語がペラペラになりたい！」「英語ができるようになりたい」

このように英語がもっとうまくなりたいと思っている人は、たくさんいるでしょう。

ただ、この「英語」という言葉が曲者です。というのも、これが意味する範囲が、あまりにも膨大で曖昧だからです。

なので、多くの人は英語を勉強しても巨大な英語の海に溺れてしまい、達成感を感じられないまま、「英語は難しい」「英語ができない」「英語のボキャブラリーが増えない」なんていう言葉を口にして、英語の勉強から離れていくのです。

英単語にしても、ＴＯＥＩＣ向け英単語集に範囲を絞れば、対象となる英単語は明確になりますが、そこに掲載されている英単語をどのレベルまで習得するのかについては、

欲張らず
絞り込む

さまざまなレベルがあります。

そこを曖昧にしておくと、あれもこれもとなって焦点が定まらず、勉強がなかなか進んでいきませんし、圧倒されて勉強が止まってしまいます。

たとえば、春代さんの場合であれば、ＴＯＥＩＣでまったく意味がわからない英単語を減らすことが目的ですから、まずは英単語を見て、その意味がなんとなくわかるようになれば、第一の重要な目的は達成です。

もちろん、それを自分自身が会話などで活かせるようになればベストですが、いきなりそれをめざしても、中途半端になったり、いつまでたっても進んでいる感覚がなく、挫折する危険性が高くなります。

出てくる例文や派生語、類義語などは、とりあえずは英単語の意味をつかむための手段としてとらえて、すべてを読もうとか覚えようとかしないことです。まずは、英単語の意味がスッと浮かぶようになってから、さらに考えていけばいいことなのです。

春代

めざす状態が明確になったら、
あとはがんばって覚えるということだけですよね？

宇都出

「がんばって」というのはいらないですが、
とりあえず読んでいきましょう（226ページ参照）。

えーと。最初のaffluent。少しはなじんでいますが、まだ意味は出て
こないですね。次のalley。これ、なかなか覚えられないんです。
次のarbor。これも木という意味とまったく結びつかないですね。で、
asset。これはかなりラクですね。日本語でもアセットとか使います
からね。次のatmosphere。なんだか、こんがらがってきました……。

かなりきつそうでしたね。
2つめのalleyあたりで、もう無理しているようでしたが。

そうですね。alleyとかarborとか短い単語なのでなんとか
読めますが、けっこう頭のなかは、「なかなか覚えられない
……」という思いもあってきつかったですね。

では、たとえば、affluent と asset だけを
このページで読むのならいかがです？
そうですね。ペンでその２つの英単語を○で囲んでみてください。

ああ、これならラクに読めるわ。

ちょっと、英単語集から顔を上げて、
いま見た２つの英単語を思い出してみてください。

affluent と asset。
affluent は豊かだとか、asset は資産とかいう意味ですよね。

そうです。ラクに覚えていますよね。いまもすぐに思い出せますか？

もちろん、先ほど思い出したばかりですから。

解説

減らして読む

英単語集の場合は、ゼロから思い出すことが求められるわけではなく、英単語を見て、意味が浮かべばいいので、3ステップ記憶勉強術の3つめのステップ「ざっくり読む」と最初のステップ「思い出す」とを同時に行なう形になります。

なお、英単語の場合、体系的な知識になっていたり、歴史のように流れがあるわけではないので、大枠からとらえて、だんだんと細かいところに入っていくというアプローチは取りにくくなります。

その代わりに「ざっくり読む」ために行なっているのが、そのページに出ている英単語をすべて読んだり、覚えようとしたりするのではなく、**少しなじみがあったり、気になる英単語をいくつかピックアップして、とりあえずそれしか読まないということです。**

こうやって、脳が一杯一杯にならないぐらいに絞り込むと、「思い出す」ことがラクになります。これによって、くり返しが一気に増えます。**➡⑳焦るな！　最初は範囲を絞っていい　それからだんだん広げろ！**

もともと知っていたり、なじんでいた英単語であっても、こうやってくり返すなかでさらに強く記憶に定着していきます。

ほんの1分ほどの間にも、おそらく、affluent と asset について十回以上、さらにはもっと頭のなかで浮かんではくり返すことになります。

おそらく、いままではなじみのない英単語やピンとこない英単語も、強引に読んで覚えようとしていたために、脳が一杯一杯になり、かえって混乱してしまっていたかもしれません。

もしかして、くり返していたのは英単語ではなく、「あぁ、なかなか覚えられない」というボヤキだったかもしれません。

「覚えられない」なんていう言葉をくり返したところで、英単語の学習にはまったく役立たないですよね。そういうムダな時間をなくして、本当にくり返して覚えていきたい英単語をくり返すことで、もっとラクに英単語が覚えられるようになってきます。

意味がすぐ浮かぶものは消す

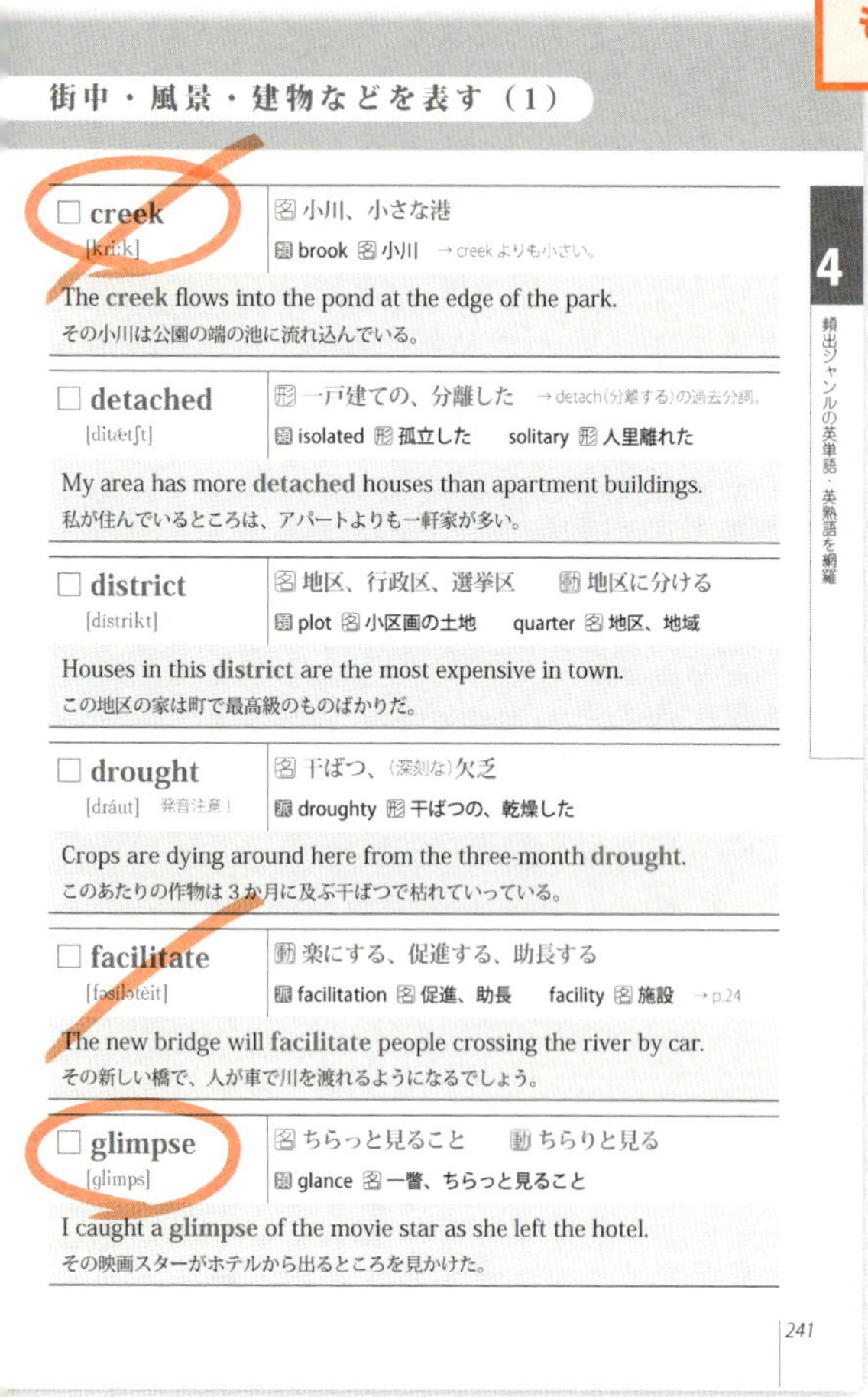

街中・風景・建物などを表す（1）

4 頻出ジャンルの英単語・英熟語を網羅

□ **creek** [kri:k]
名 小川、小さな港
類 brook 名 小川 →creekよりも小さい。
The **creek** flows into the pond at the edge of the park.
その小川は公園の端の池に流れ込んでいる。

□ **detached** [ditǽtʃt]
形 一戸建ての、分離した →detach（分離する）の過去分詞。
類 isolated 形 孤立した　solitary 形 人里離れた
My area has more **detached** houses than apartment buildings.
私が住んでいるところは、アパートよりも一軒家が多い。

□ **district** [dístrikt]
名 地区、行政区、選挙区　動 地区に分ける
類 plot 名 小区画の土地　quarter 名 地区、地域
Houses in this **district** are the most expensive in town.
この地区の家は町で最高級のものばかりだ。

□ **drought** [dráut] 発音注意！
名 干ばつ、（深刻な）欠乏
派 droughty 形 干ばつの、乾燥した
Crops are dying around here from the three-month **drought**.
このあたりの作物は3か月に及ぶ干ばつで枯れていっている。

□ **facilitate** [fəsílətèit]
動 楽にする、促進する、助長する
派 facilitation 名 促進、助長　facility 名 施設 →p.24
The new bridge will **facilitate** people crossing the river by car.
その新しい橋で、人が車で川を渡れるようになるでしょう。

□ **glimpse** [glimps]
名 ちらっと見ること　動 ちらりと見る
類 glance 名 一瞥、ちらっと見ること
I caught a **glimpse** of the movie star as she left the hotel.
その映画スターがホテルから出るところを見かけた。

241

実務教育出版

並んでいる順番があなたが読みやすい順番とは限りません。あなたの読みやすい単語から読んでいきましょう。読むのがきつくなったら、切り換えて次のページに進むと止まらず進めます。

春代さんが取り組んで書き込みはじめた英単語集

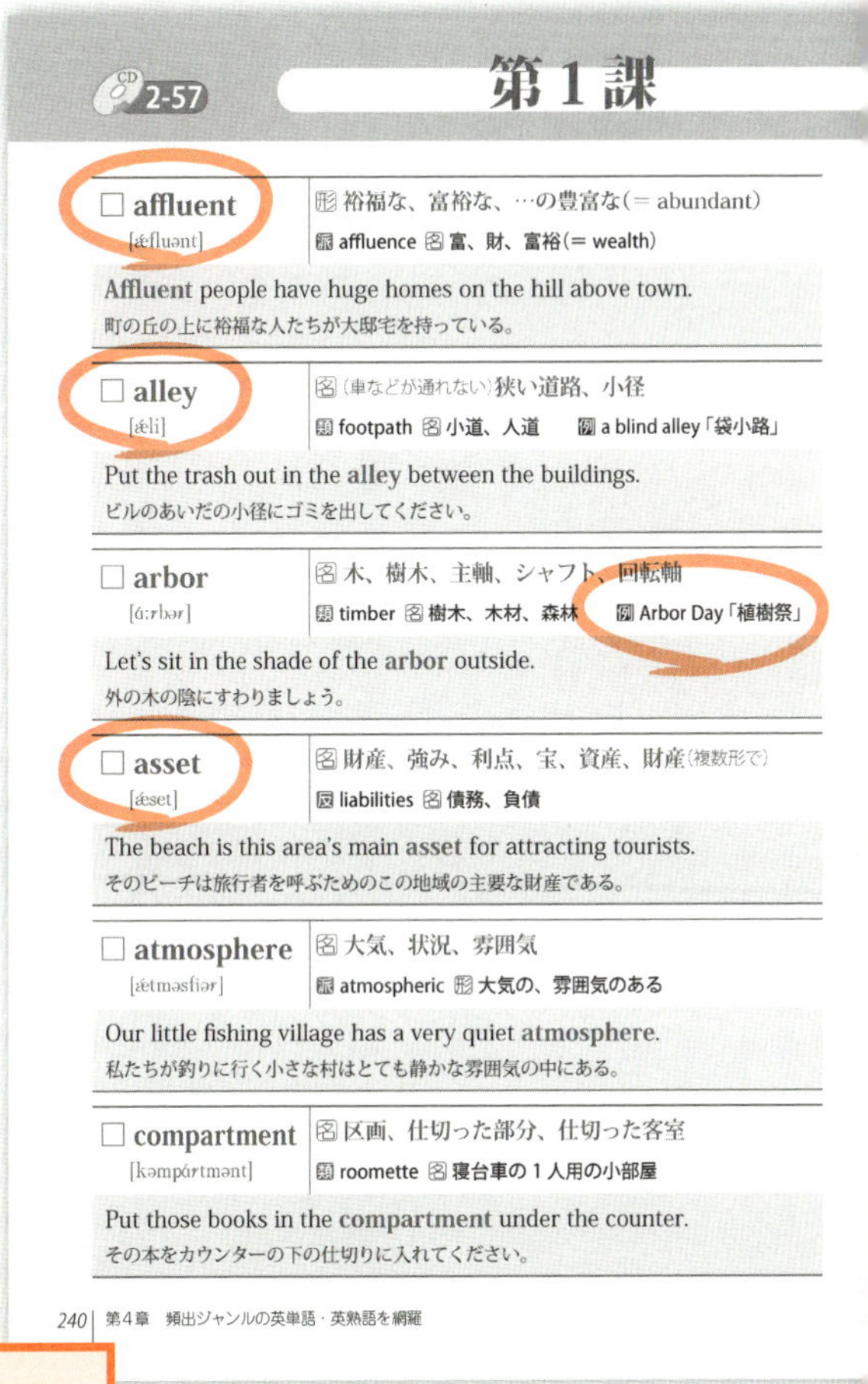

CD 2-57

第1課

□ **affluent** [ǽfluənt]	形 裕福な、富裕な、…の豊富な(＝abundant) 派 affluence 名 富、財、富裕(＝wealth)

Affluent people have huge homes on the hill above town.
町の丘の上に裕福な人たちが大邸宅を持っている。

□ **alley** [ǽli]	名（車などが通れない）狭い道路、小径 類 footpath 名 小道、人道　例 a blind alley「袋小路」

Put the trash out in the **alley** between the buildings.
ビルのあいだの小径にゴミを出してください。

□ **arbor** [ɑ́ːrbər]	名 木、樹木、主軸、シャフト、回転軸 類 timber 名 樹木、木材、森林　例 Arbor Day「植樹祭」

Let’s sit in the shade of the **arbor** outside.
外の木の陰にすわりましょう。

□ **asset** [ǽset]	名 財産、強み、利点、宝、資産、財産（複数形で） 反 liabilities 名 債務、負債

The beach is this area’s main **asset** for attracting tourists.
そのビーチは旅行者を呼ぶためのこの地域の主要な財産である。

□ **atmosphere** [ǽtməsfiər]	名 大気、状況、雰囲気 派 atmospheric 形 大気の、雰囲気のある

Our little fishing village has a very quiet **atmosphere**.
私たちが釣りに行く小さな村はとても静かな雰囲気の中にある。

□ **compartment** [kəmpɑ́rtmənt]	名 区画、仕切った部分、仕切った客室 類 roomette 名 寝台車の1人用の小部屋

Put those books in the **compartment** under the counter.
その本をカウンターの下の仕切りに入れてください。

240 | 第4章　頻出ジャンルの英単語・英熟語を網羅

前から順番に読む必要はない

春代

この2つの単語を思い出したあと、どうするのですか？
3ステップ記憶勉強術でいえば、「問いに変える」になりますが、
英単語の場合はどうなるんでしょう？

宇都出

もし、すぐに意味が出てこなかったら、「affluentって何だろう？」
という問いをくり返すことになりますが、
2つの英単語だけをくり返すのではなく、範囲を広げていきます。

すると、次のページにいくということですか？

そうです。先ほどは丁寧に前から順番に一つ一つ説明しましたが、
実際にはすぐに次のページにいきます。英単語を前から順番に
読む必要はありませんし、ページを変えると**脳がラクになる**
んです（236ページ参照）。

確かに、新しいページを読むのはラクですね。
最初のcreekはラクに読めますが、次のdetachedは、いけませんね。
最後のglimpseは、なんとなくわかるので読めます……。

creek や glimpse は、英単語を見たら、すぐに意味が浮かびますか？

creek はすぐに浮かびますね。
ただ、「小さな港」なんていう意味は知りませんでした。

とりあえずは、最初の「小川」というイメージが浮かべばいいですよ。
そうであれば、creek のところに太く大きく斜線を引いてください。

え？　消してしまうんですか？

そうです。すぐに意味が浮かぶ英単語を
また読んでいる時間がもったいないので。

わかりました。消しますね。それと glimpse は○で囲めば
いいですね。あと、facilitate はファシリテイターという言葉も
ありますから、なんとなく意味がわかります。

解説

カードのように読む

ページに並んでいる英単語をすべて読まずに、どんどん次のページへ移って読んでいくことにびっくりした人も多いかもしれません。

確かにページをめくる手間を考えれば、一つずつ順番に英単語を読んでいったほうが効率的かもしれません。もちろん、一つずつ順番にラクに読めるのであれば、それでもいいのですが、もしラクに読めないのであれば、順番にこだわる必要はないということです。

大事なことは、「基本編」でも強調したように「読む気がするところを読む」ことです。必ずしも、英単語が前から読みやすい順番に並んでいるとは限らないですから。なので、ページにこだわらず、なじみのある英単語や気になる英単語から引っかけて、と

りあえずそこだけ「ざっくり読む」、そして「思い出す」「問いに変える」をしていけばいいのです。

そして、もう一つ。会話でも出ていますが、**ページを変えるとまたラクに読める**ようになります。たとえば試験勉強のときに、ある科目を勉強していて、一杯一杯になったと思ってほかの科目の勉強に変えたとき、気分が変わってラクに勉強できるようになったということはありませんか？　週や月が替わったり、新たな年になると、気分一新で取り組めたりしますよね。

ページを変えることで、それと同じようなことが起こると考えられます。

なので、ページをめくるという手間は増えますが、英単語集の場合、積極的にページを変えることをおススメします。

こうやって、読む気がする単語に絞ってどんどんページをめくるという「ざっくり読む」という読み方であれば、英単語集もラクに勉強ができるようになります。そして、そこから3ステップ記憶勉強術の「思い出す」「問いに変える」、さらには「ざっくり読む」をくり返していけばいいのです。いわば、英単語集を単語カードのようにして、まわしていくのです。

春代

単語カードで勉強していたときに、
最初は淡々とめくっていけるのですが、だんだんと疲れてきて、
途中で嫌になったことがよくあったのですが。

宇都出

そのときは、また最初に戻って続ければいいんです。最初に戻れば、
先ほど見たばかりの英単語ですから、ラクに読めるでしょう？

なるほど……。そうすればいいんですね。単語カードのときも、
「少ないかな」と思うぐらいの単語カードを回転させれば、
ラクに回転できました。

きついと思えば、調整すればいいだけです。
大事なことは、止まらないことです。

でも、あまりページを少なくしすぎない、ですね。

そうです。単語カードを2枚、3枚でまわすことはしないですよね。
それと同じです。そして、3ステップ記憶勉強術の
「思い出す」「問いに変える」を忘れないでください。

思い出すのは、いつ行なえばいいんでしょう？

英単語集の場合は、「ざっくり読む」と「思い出す」が同時に起こります。英語を見てそれが思い出せるかをチェックし、思い出せても思い出せなくてもすぐに日本語の意味を読むので。

もちろん、手元に英単語集がないときに、英語を思い出し、日本語の意味が出てこないときは「問いに変える」の出番です。「〇〇って何だろう？」と問いをくり返すことで、英単語集を読む気も起きますし、読んだときの集中力も出てきます。

なんだか、英単語集をラクに読める気がしてきました。
これならラクに勉強できそうです。

これならラク……。でも、どうやって広げるの？

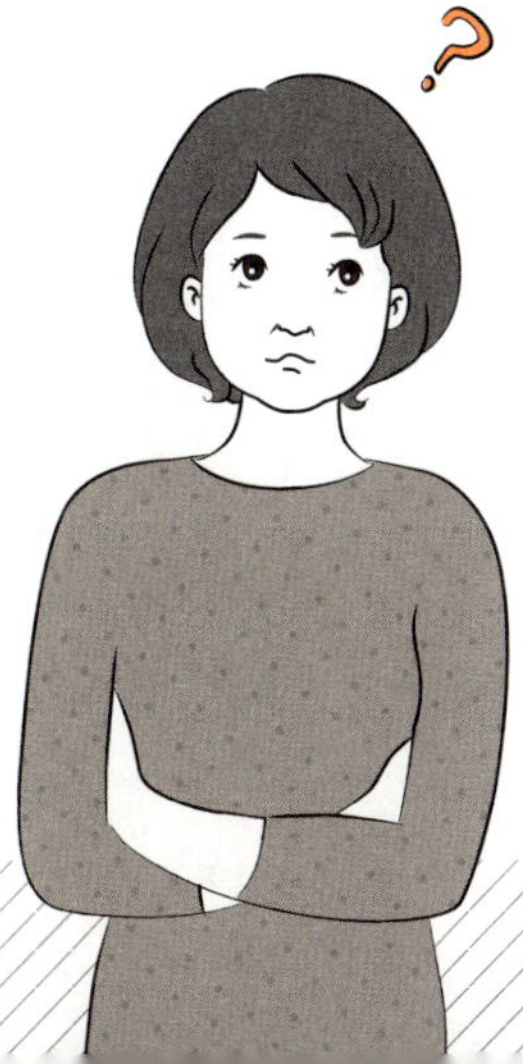

解説

消して広げる

英単語集における3ステップ記憶勉強術は、いかがでしたか？　最初にお伝えしたように、英単語は体系的な知識として勉強しにくいのが難点ですが、その分、単語集に並んでいる順番など気にしないで、読む気のするところからどんどん読んでいけばいいので、徹底的にわがままに読んでいきましょう。

そして、もう当たり前になっている英単語はどんどん消して、まだ覚えていない英単語にどんどん絞り込んでいくことも大事になります。それによって、英単語集をどこまで自分が攻略しているかも明確になり、やる気も出てきます。

とにかく、英単語集では最初、そのボリュームに圧倒されがちなので、くれぐれも焦らないようにしましょう。当たり前になったものを消していけば、新たにまた読もうと

いう気のするものやラクに読めるものが出てきます。それを新たに○で囲んで、読む対象にしていけばいいだけです。

また、消すことに抵抗がある人は、消すことを焦らないでください。たとえ消さなくても、くり返していくうちにどんどんラクに読め、まわりの英単語を読む気が起きてくるので、1ページ2単語などにこだわらずに、読む気が出れば○をつけて読むようにすればいいのです。とにかく、**がんばって覚えようとしないことがポイントです。**

どんどん消して、○で囲んで、さらに消していけば、どこまでできているか・できていないか一目瞭然になります。そして、まるでゲーム感覚になって続けられるようになります。

見開きページのすべての単語が当たり前になったら、消すだけでなくホッチキス留めをすると、さらにラクになっていきます。

当たり前になった英単語を消したり、さらにはページをホッチキス留めすることが快感になればしめたものです。もう勉強をやめるのが難しくなります。ただし、くれぐれも消すことが目的にならないように注意はしてください。そうしないと、短い時間で大量にくり返して、「わかったつもり」「覚えたつもり」になりますので。

Chapter 10

3ステップ記憶勉強術【応用編②】数学

センター試験に向けて勉強する冬香さん

数学の問題をいかに3ステップするか？

３ステップ記憶勉強術は、数学や物理などの理系科目の勉強にも使えるのだろうか？こんな疑問を持つ人もいるかもしれません。日本史や英語など、覚えていればある程度解ける科目と違って、数学や物理などは考えないといけない……。「３ステップ記憶勉強術では対応できないかもしれない」と思うのでしょう。

確かに、数学や物理などで、「○○の定理を以下の５つから選びなさい」なんていう問題は出ません。単純な問題でも、定理や公式を具体的な数値に適用することが必要になり

Chapter 10

3ステップ記憶勉強術

【応用編②】数学

数学や物理にも３ステップは使えるの？

ます。また、いくつかの定理、公式を組み合わせることが必要だったりします。

つまり、基本編―問題タイプ別の読み方（１０７ページ〜）でいうと、数学や物理などの理系科目では、択一試験でも、単純な正誤問題、穴埋め問題はなくて、すべてが総合問題になるのです。

また、言葉、文章ではなくて数式や記号が多くなるので、こういった数式、記号を「ざっくり読む」には、ちょっとした工夫が必要となります。

この章では、夏子さんの妹でセンター試験を受験する冬香さんを例に、具体的に数学の択一式過去問をどのように3ステップ記憶勉強術で攻略していくかを解説していきます。

冬香

姉から、がんばって問題を解かなくてもいい
勉強法があると聞いたのですが……。
でも、数学は、考えて解いていかないとダメなのでは？

宇都出

これまでそうやってこられたんですよね？
それで、その結果はどうですか？

冬香

え……。苦しいです。
というか時間がかかって、このままでは終わりそうにないです。

宇都出

数学というと、考えて解かなければならない、
解答・解説を見てはいけないと思ってしまうんですよね……。
でも、その考えている時間はムダなのでやめたほうがいいです。

冬香

え？　ムダなんですか？

宇都出

全部ムダとはいいませんが、
さっさと解答・解説を見て進んでいったほうがいいです。
解答・解説を読んでも、
すべての問題がすぐに解けるわけではないですよね？

数学でも考えるのは意味がない？

はい……。解ける問題もあれば解けない問題もあります。

解けるようになった問題というのは、解答・解説を読むことで必要な知識を知ったからです。解けない問題は、まだ必要な知識を覚えていないだけなのです。

え……。数学でも知識が重要だということですか？
考えるのは意味がないと？

はい、そうです。知識を自分で生み出す必要はありません。
もちろん、覚えるためには理解が欠かせませんが、
ウンウンとがんばって考える必要はないんです。

解説

数学も知識

数学がデキル人というと、「もともと頭のいい人」というイメージがないですか？私も高校時代を振り返ると、そんなイメージを強く持っていました。そして、自分は数学ができない「頭の悪い人」というイメージでした……。

そして、数学ができるようになるには、一生懸命考えて、少しでも頭がよくなるように鍛えようと、問題を目の前にして、解答・解説を見たいのを我慢して考えていました。

読者のなかにも、そういう人がいるでしょう。

しかし、そうやって考える努力・時間は、ハッキリいってムダです。それは極端な話、英語を読むのに、英単語や英文法を勉強しないでなんとかわかろうとしているのと変わりません。さっさと解答・解説を読んで、必要な知識を仕入れるほうが効率的なのです。

あなたが「考えている」と思っている時間をよくよく観察してもらうと、その時間はただ、問題文を読んでいるだけだったり、休んでいるだけだったりします。

実際、「数学のセンスがある」ように見える人や、頭のいいように見える人も、これまでにたくさんの問題を問いた経験があり、かなりの知識を蓄えているはずです。➡㉑試験は記憶のゲーム　考えるのは時間のムダ！

ただ、その知識というのは、これまで解いてきた問題の解答をそのまま丸暗記しているような知識ではありません。各問題の具体的な数値や図形を覚えているわけではありません。

どうしているかというと、ほかの問題にも適用できるように、**抽象化して覚える量を絞り込んでいるのです。**また、そうやって**抽象化した知識をそれぞれの関連性を見いだして整理する**ことで、より理解し、記憶しやすくしています。

おそらく数学が得意な人は、この抽象化して押さえるべき知識を絞り込むことを無意識にやっているのでしょう。「数学が苦手」という人も抽象化を意識して、整理しながら知識を蓄えることで、数学の点数を上げることができるのです。

数学の解答・解説は長いわりに見出しがない

解答・解説

△ABCに対して余弦定理を用いると、

$$CA^2 = AB^2 + BC^2 - 2\,AB \cdot BC\cos\angle ABC$$
$$= 4^2 + 2^2 - 2 \cdot 4 \cdot 2 \cdot \frac{1}{4}$$
$$= 16 + 4 - 4 = 16$$

$$\therefore CA = 4$$

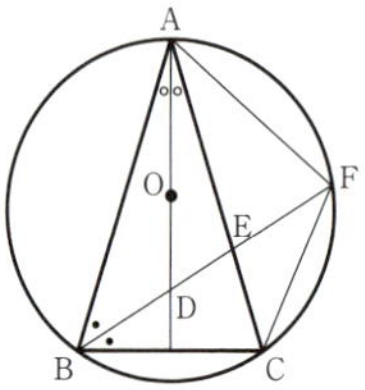

$$\cos\angle BAC = \frac{AB^2 + AC^2 - BC^2}{2\,AB \cdot AC}$$
$$= \frac{4^2 + 4^2 - 2^2}{2 \cdot 4 \cdot 4}$$
$$= \frac{7}{8}$$

$$\sin\angle BAC = \sqrt{1 - \cos^2\angle BAC}$$
$$= \sqrt{1 - \left(\frac{7}{8}\right)^2} = \frac{\sqrt{15}}{8}$$

△ABCの外接円の半径をRとし、
△ABCに対して正弦定理を用いると

$$2R = \frac{BC}{\sin\angle BAC} \qquad \therefore R = \frac{2}{2\dfrac{\sqrt{15}}{8}} = \frac{8}{\sqrt{15}} = \frac{8\sqrt{15}}{15}$$

（1）角の二等分線の性質により

$$AE : EC = AB : BC = 2 : 1$$
$$AE = \frac{2}{2+1}AC = \frac{2}{3} \cdot 4 = \frac{8}{3}$$

△ABEに対して余弦定理を用いると

$$BE^2 = AB^2 + AE^2 - 2\,AB \cdot AE\cos\angle BAE$$
$$= 4^2 + \left(\frac{8}{3}\right)^2 - 2 \cdot 4 \cdot \frac{8}{3} \cdot \frac{7}{8}$$
$$= \frac{40}{9}$$
$$BE = \sqrt{\frac{40}{9}} = \frac{2\sqrt{10}}{3}$$

数学や物理では解答プロセスが長く、解答・解説は問題の何倍にもなります。かつ、見出しがなく、苦手な人にとっては読む気がなかなか起きません。「ざっくり読む」がより強く求められます。

冬香さんが取り組んでいる数学の過去問集

△ABCは、AB = 4、BC = 2、$\cos\angle ABC = \dfrac{1}{4}$を満たすとする。このとき

$$CA = \boxed{\text{ア}}、\quad \cos\angle BAC = \frac{\boxed{\text{イ}}}{\boxed{\text{ウ}}}、\quad \sin\angle BAC = \frac{\sqrt{\boxed{\text{エオ}}}}{\boxed{\text{カ}}}$$

であり、△ABCの外接円Oの半径は$\dfrac{\boxed{\text{キ}}\sqrt{\boxed{\text{クケ}}}}{\boxed{\text{コサ}}}$である。∠ABCの二等分線と∠BACの二等分線の交点をD、直線BDと辺ACの交点をE、直線BDと円Oとの交点でBと異なる交点をFとする。

(1) このとき

$$AE = \frac{\boxed{\text{シ}}}{\boxed{\text{ス}}}、\quad BE = \frac{\boxed{\text{セ}}\sqrt{\boxed{\text{ソタ}}}}{\boxed{\text{チ}}}、\quad BD = \frac{\boxed{\text{ツ}}\sqrt{\boxed{\text{テト}}}}{\boxed{\text{ナ}}}$$

となる。

(2) △EBCの面積は△EAFの面積の$\dfrac{\boxed{\text{ニ}}}{\boxed{\text{ヌ}}}$倍である。

(3) 角度に注目すると、線分FA、FC、FDの関係で正しいのは$\boxed{\text{ネ}}$であることが分かる。

$\boxed{\text{ネ}}$に当てはまるものを、次の⓪～⑤のうちから一つ選べ。

⓪ FA < FC = FD　① FA = FC < FD
② FC < FA = FD　③ FD < FC < FA
④ FA = FC = FD　⑤ FD < FC = FA

大学入試センター試験2014年度 本試験 数学Ⅰ・数学A 第3問より

数学の問題集で主に読むのは解答・解説

数式の内容を言葉にする

解答・解説

△ABC に対して余弦定理を用いると、

$$CA^2 = AB^2 + BC^2 - 2AB \cdot BC\cos\angle ABC$$

$$= 4^2 + 2^2 - 2 \cdot 4 \cdot 2 \cdot \frac{1}{4}$$

$$= 16 + 4 - 4 = 16$$

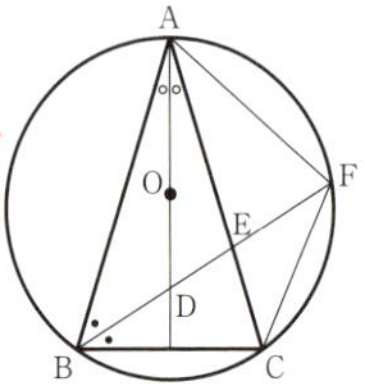

2辺の長さ・内角→1辺の長さ

$$\therefore CA = 4$$

$$\cos\angle BAC = \frac{AB^2 + AC^2 - BC^2}{2AB \cdot AC}$$

$$= \frac{4^2 + 4^2 - 2^2}{2 \cdot 4 \cdot 4}$$

3辺の長さ→内角のcos

$$= \frac{7}{8}$$

$$\sin\angle BAC = \sqrt{1 - \cos^2\angle BAC}$$

$$= \sqrt{1 - \left(\frac{7}{8}\right)^2} = \frac{\sqrt{15}}{8}$$

△ABC の外接円の半径を R とし、
△ABC に対して正弦定理を用いると

$$2R = \frac{BC}{\sin\angle BAC} \quad \therefore R = \frac{2}{2\frac{\sqrt{15}}{8}} = \frac{8}{\sqrt{15}} = \frac{8\sqrt{15}}{15}$$

（1）角の二等分線の性質により

$$AE : EC = AB : BC = 2 : 1$$

$$AE = \frac{2}{2+1}AC = \frac{2}{3} \cdot 4 = \frac{8}{3}$$

△ABE に対して余弦定理を用いると

$$BE^2 = AB^2 + AE^2 - 2AB \cdot AE\cos\angle BAE$$

$$= 4^2 + \left(\frac{8}{3}\right)^2 - 2 \cdot 4 \cdot \frac{8}{3} \cdot \frac{7}{8}$$

$$= \frac{40}{9}$$

$$BE = \sqrt{\frac{40}{9}} = \frac{2\sqrt{10}}{3}$$

普通の文章と同じように「構造」も読みながら、解答プロセスをわかるところとわからないところにわけていきます。計算できるか確認しつつ、押さえるべき知識を絞り込んでいきましょう。

冬香さんが取り組んで書き込んだ数学の過去問集

△ABCは、AB = 4、BC = 2、$\cos\angle ABC = \frac{1}{4}$ を満たすとする、このとき

$CA = \boxed{\text{ア}}$、$\cos\angle BAC = \dfrac{\boxed{\text{イ}}}{\boxed{\text{ウ}}}$、$\sin\angle BAC = \dfrac{\sqrt{\boxed{\text{エオ}}}}{\boxed{\text{カ}}}$

であり、△ABCの外接円Oの半径は $\dfrac{\boxed{\text{キ}}\sqrt{\boxed{\text{クケ}}}}{\boxed{\text{コサ}}}$ である。∠ABCの二等分線と∠BACの二等分線の交点をD、直線BDと辺ACの交点をE、直線BDと円Oとの交点でBと異なる交点をFとする。

(1) このとき

$AE = \dfrac{\boxed{\text{シ}}}{\boxed{\text{ス}}}$、$BE = \dfrac{\boxed{\text{セ}}\sqrt{\boxed{\text{ソタ}}}}{\boxed{\text{チ}}}$、$BD = \dfrac{\boxed{\text{ツ}}\sqrt{\boxed{\text{テト}}}}{\boxed{\text{ナ}}}$

となる。

(2) △EBCの面積は△EAFの面積の $\dfrac{\boxed{\text{ニ}}}{\boxed{\text{ヌ}}}$ 倍である。

(3) 角度に注目すると、線分FA、FC、FDの関係で正しいのは $\boxed{\text{ネ}}$ であることが分かる。

$\boxed{\text{ネ}}$ に当てはまるものを、次の⓪～⑤のうちから一つ選べ。

⓪ FA < FC = FD　① FA = FC < FD
② FC < FA = FD　③ FD < FC < FA
④ FA = FC = FD　⑤ FD < FC = FA

大学入試センター試験2014年度 本試験 数学Ⅰ・数学A 第3問より

重複・不要な箇所は消し、押さえるべき知識を絞り込む

冬香

数学でも、３ステップが使えることはわかりましたが、ポイントはありますか？

宇都出

いま、取り組まれているセンター試験の過去問の解答・解説を見てください（２５４ページ参照）。数学では１つの問題の解答・解説が長くなるのが特徴です。

これ、長いですか？
余弦定理や正弦定理に数字を入れるだけの問題ですが。

こんなに単純な問題でも解答を導くまでに、そこで用いる定理や計算式など一連の流れが必要となりますから、歴史などの解答・解説に比べると長くなりますね。

確かに……。それに数学の場合、省略されていることも多いですよね。

そのとおりです。たとえば、最初の問題で、「余弦定理を用いると」とあっさり書いていますが、これが何を意味するのかわからない人もいるでしょう。

見出しを書き込むって？

そうなんですよ。解答・解説を読んでも何のことかわかりませんから。

なので、数学ではほかの科目以上に、文章を書き込むことが必要です。

数学なのに文章を書き込むんですか？

はい。数学の解答・解説の場合、解答プロセスが長くなるのに加えて、見出しやつなぎの文章が省略されているので読みにくくなるんです。

見出し……そんなものないですね。
具体的にどんなふうに見出しなどの文章を書き込むんですか？

解説

見出しをつけ加える

数学の問題の解答・解説は、それだけ読んでもほとんど意味はわかりません。問題と合わせて読むことで、ようやくそこで書かれている記号や数式がどういう意味なのか、何をしようとしているのかがわかります。

たとえば、会話に出てくるセンター試験の過去問の最初の問題は「三角形において二辺の長さとその内角からもう一辺の長さを求める問題」です（256ページ参照）。

これが、問題にも解答・解説にも言葉で書かれていないので、読んでもすぐにわからないのです。なので、これを全部の文章を書かなくてもいいので、このことがすぐに思い出せるようなキーワードだけでも見出しとして書いておくと、読みやすくなります。

たとえば、「二辺の長さ・内角→もう一辺の長さ」と書いておくだけで、わかりやす

数式より
言葉のほうが
認識しやすい

くなります。それも太く・大きく書いておくと、さらに読みやすく、記憶にも残りやすくなります。➡㉞太い文字は見やすい　恐れるな　太ペンを使え！

その次は「三辺の長さからある内角のcosを求める問題」です。これも「三辺の長さ→内角のcos」と見出しを書くと、読みやすくなります。

この見出しを足場にすれば、ほかの科目と同じように3ステップ記憶勉強術を行なうことができます。

なお、「余弦定理」といった言葉が、何を意味するかがすぐに出てこない人がいるかもしれません。そういった場合は、余弦定理の解説を教科書などで調べて、この解答・解説に加えたほうがいいでしょう。

また逆に、解答プロセスのなかで定理や公式に具体的な数値を当てはめて計算している箇所は、一度でもやれば、その後いちいち読む必要はないので、サインペンで消してしまったほうが効率的です。

このように**数学や物理といった理系科目ほど、解答・解説の編集作業が重要になるのです。**

冬香　こうやって見出しをつけたりしていくと、数学もほかの科目と同じだと思えて、苦手意識がなくなってきました。

宇都出　いいですね。あと、見出しをつけるのに、わからないところをウンウン考える必要はないですからね。

冬香　そういう場合はどうするんですか。

宇都出　とりあえず、見出しがつきそうな箇所にサインペンで横線を引いておけばいいです。

冬香　とにかく「ざっくり読む」ですね。

宇都出　そうです。そうやってわかるところだけを読んだり、単純な計算プロセスは消したりしながら、押さえるべき解答プロセスを明確にして、それを理解し、記憶するんです。

冬香　どうしてもわからないところは、どうすればいいですか？

書くって初めて出てくるけど……

まずは、プロセスのどこの流れがわからないのか明確にすることです。
それが明確になれば、調べたりすることはもちろん構いません。

そうやって、最終的には解答プロセスを覚えていけばいいんですね。

数学は、論理的なので理解すれば記憶はとてもラクになります。
なお、書き出すことを必ず行なってください。

え？　書くんですか？
3ステップ記憶勉強術には「書く」はないですが……。

はい。ここがほかの科目と違うところなんです。
なぜ書き出すかといいますと……。

解説

書き出す

さて、数学でも3ステップ記憶勉強術が活用できることがわかってもらえたでしょうか？　解答・解説に見出しをはじめ文章を加えていくことで、ラクに3ステップを回転できるようになります。

ただ、最後に「書き出す」という話が出てきました。3ステップ記憶勉強術には、「書き出す」というステップはありませんし、これまでも出てきませんでしたね。なぜ、この「書き出す」というステップが必要になるのか？　これは実際の試験を思い浮かべてもらえればいいと思います。

たとえば、センター試験の日本史などの択一式試験において、試験中に何か文字や文章を書き出すことはあるでしょうか？　記述式や論述式試験であれば文章を書くのは当

めざすは
解答プロセスを
思い出し・
書き出せること

然ですが、択一式試験ではほとんどないでしょう。

でも、数学や物理の試験を想像してみてください。択一式試験であっても、「計算用紙」などに図を書いたり、数式を書いたりしますよね。そうなんです。**なぜ、数学の試験勉強で「書き出す」ことが必要なのかというと、実際の試験で書き出すからです。**

⑭合格は目標ではない　試験本番当日のあなたが目標！

少なくとも一度は書き出すことを行なっておかないと、実際の試験の際にうまくできない危険性があるため、「書き出す」ことを加えているのです。

とはいえ、「少なくとも1回は」というものであり、基本は3ステップの「思い出す」→「問いに変える」→「ざっくり読む」を回転するなかで、解答プロセスを明確にして、理解・記憶していけばいいのです。解答プロセスをすぐに思い出せる段階で、一度、単純計算も含めて、実際の問題を解くように解答プロセスを思い出しながら書き出してみるのです。

そして、きちんと書き出せたものについては、ほかの科目と同じように常識化した箇所はサインペンで消したり、見開き単位で常識化したものについてはホチキスで留めたりして、さらに加速させていきましょう。

Chapter 11

3ステップ記憶勉強術

勉強法、その先へ

3ステップ記憶勉強術がもたらす可能性とは？

3ステップ記憶勉強術とは何か、そして、これをどのように実践していくのかを、さまざまな試験科目を例に挙げながら、具体的に解説してきました。

いかがだったでしょうか？　基本はたった3つ。「思い出す」「問いに変える」「ざっくり読む」。それをくり返すだけのシンプルなものです。

とはいえ、従来の勉強法とはまったく発想が違いますから、難しく感じている人がいるかもしれません。ほんの少し、考え方を変えてわかってしまえば、「なんだ、そういうことか！」となるのですが、そこは実践するなかで体験し、つかんでもらうしかないので、ぜひ実践していってください。

そして、すでに体験しているかもしれませんが、3ステップ記憶勉強術を身につければ、試験勉強だけでなく、読書、さらには仕事全般のスピードアップにつながります。

3ステップ記憶勉強術のコツ、そしてその可能性を山田さん一家にもう一度登場してもらって、その経験を話してもらいながら、確認していきましょう。

Chapter 11

3ステップ記憶勉強術

勉強法、その先へ

3ステップで
肩の力が抜けたわ
3ステップって
「好きこそものの
上手なれ」
3ステップって
PDCA にも使える

宇都出

みなさん、その後、3ステップ記憶勉強術の実践はいかがですか？

夏子

もう試験も終わったので勉強はしていませんが、気がつくと日ごろの仕事でも使っていますね。

どんなところで使っていますか？

本や資料を読むときもそうですが、企画書や会議資料を作るときですね。

秋生

え？　何かを読むときに使うのはわかるけど、何か資料を作るときに使えるの？

秋生は、まだ使いこなせていないのね。3ステップって、くり返すなかでだんだん細かいところに入っていくでしょ。それは、資料を書くときも同じよ。

ああ、そうか……。とりあえず、試作品を作って、それを改善していくともいえるのか、なんだ。
3ステップの考え方は、仕事でいろいろ使えそうだね。なるほど……。

春代

お母さんは、3ステップを知って、なんだか肩の力が抜けたみたい。
最近は、洋画も英語で観るようになったわ。
昔は自分の英語力のなさを突きつけられる気がしたけれど、
いまはちょっとずつでもわかるようになるのが楽しいの。

3ステップの本質をつかんでもらっているようでうれしいですね。
これは、単なる記憶法でも勉強法でもなくて、
物事を効率的・効果的に進める考え方ですから。

冬香

私はまだ勉強でしか使う機会はないけど、
お母さんのいうように肩の力が抜けてきた気がするわ。
これって、不思議ですよね。

解説

肩の力が抜ける

３ステップ記憶勉強術を実践していると、だんだんと肩の力が抜けていきます。なぜなら、「ざっくり読む」に代表されるように、「いい加減」さがあるからです。そして、３ステップをくり返すなかでだんだんと仕上げていくという発想なので、「この１回で仕上げるぞ！」という悲壮感がありません。

だからといって、ダラダラと遅くなるわけではありません。それよりも、結果的に速くなります。それは、肩の力が抜けてがんばらなくなるため、ムダな気負いがなく、仕事にしろ、洋画鑑賞にしろ、**すぐに取りかかることができるからです。**

つまり、「早く」なるのです。そして、落ち込むことも少なくなるので、途中で息切れしたり、止まったりすることも減って、さらに「速く」なるというわけです。

くり返しを
受け入れるから
ラクになる

また、夏子さんは何か資料を書くときにも3ステップを活用しているといっています。とりあえずわかるところから書いていって、ウンウンと考えて止まることが減ってきているので、速くなっているのでしょう。

また、会話では出ていませんが、肩の力が抜けている分、上司に内容を確認したり、先輩や同僚にサポートを求めたりするのもラクに早く行なえているので、スピードも質も向上していると考えられます。

3ステップ記憶勉強術では、3ステップをくり返し行なっていくことが大前提です。通常、くり返すというと大変なイメージがありますが、くり返すことを当然として受け止めてしまうことで、肩の力が抜けて、ムダなエネルギーを使わなくなるのです。

もし、3ステップ記憶勉強術がうまくいかない、なかなか続かないという人がいれば、「がんばらない」「肩の力を抜く」ことを意識してもらうといいでしょう。

この3ステップ記憶勉強術は、「がんばらない」勉強法なのです。

夏子

この間気づいたんだけど、好きなファッション雑誌なんか、写真が多いこともあるけど、もともと3ステップのような読み方をしていたの。

宇都出

この3ステップの思い出す・問いに変える・ざっくり読むというのは、好きな分野、趣味の分野の本や雑誌であれば、だれもが自然と行なっているのです。

冬香

本当にそうですね。私も好きな音楽グループのことなんか、ひまがあれば考えているけれど、あれも思い出すことなんですね。

春代

センター試験も近いんだから、そんなことより勉強のことを思い出さないとダメよ。

はーい。でも、お母さんも英語のことを思い出して勉強してよ。

わかっているわよ。だから、最近、自分が好きな映画を観るようにしたの。そうすると自然に思い出して、3ステップをくり返すんだから。

秋生

こう考えると、3ステップって、よくいう「好きこそものの上手なれ」のことをいっているようですね。

そうそう。好きなことなら、知らず知らず思い出すし、「あれ何だろう?」と思いますよね。そして、読むにしても一字一句わかろうとしていませんから。

つまり、「好きこそものの上手なれ」の原理を使って、「嫌いでもものの上手なれ」にしようとしているんですね。なんだか、何でもうまくなれそうな気がしてきました。

解説

好きこそものの上手

あなたには何か好きな趣味がありますか？　もし何か趣味があれば、おそらくそれについてはたくさんの知識を記憶し、そのことについて理路整然と語れると思います。そして、そうなるために、どれだけがんばって勉強しましたか？

「え？　がんばって勉強なんてしていませんよ」

そう答える人がほとんどでしょう。でも、どうやってそれだけの知識を理解し、記憶できるようになったのでしょうか？

おそらくそこには多かれ少なかれ、「思い出す」→「問いに変える」→「ざっくり読

む」の3ステップのくり返しがあったのだと思います。なぜなら、これが脳が理解・記憶する学習原理のプロセスだからです。

つまり、実はだれもが3ステップ記憶勉強術をすでに知っていて、実践したこともあるのです。ただ、それを意識して実践していなかっただけなのです。

あなたに必要なのは、すでに知って使ったことがある**3ステップ記憶勉強術を、あなたが「好き」とはいえない対象に、意識的に使っていくことです。**いったん使っていけば、だんだんとそれに関する知識を記憶し、理解が進んでいきます。そして、そのなかであなたがそれを「好き」になればしめたものです。あとは、「好きこそものの上手なれ」の原理にそって、自然に3ステップ記憶勉強術が進み、あなたはラクに自然とそれについて勉強するようになっていきます。

ぜひ、この勉強法を何か新しいもの、知らないものとして取り組むのではなく、すでに知っているもの、実際に使っているものという立場から取り組んでみてください。そうすることで、あなたのなかにもともと備わっている3ステップの力が目覚め、働いてくれるでしょう。

秋生

この3ステップ記憶勉強術をさらにマスターしていくには
どうしたらいいですか？

宇都出

あとは、日々の生活で活用していくだけですよ。
先ほどから話が出ているように、もうこれが試験勉強に
留まるものではないことはわかってもらっていますから。

冬香

これって大学での勉強にも役立ちますよね？

もちろんです。研究であれば、「ざっくり読む」だけではないですが、
問いを持ち、読み、観察し、そこから思い出し、
考えていくサイクルをいかにまわせるかですね。

夏子

仕事では、いわゆるPDCAサイクルなんかも同じかもしれませんね。
3ステップの考えをそこに入れれば、
よりすばやく大量にサイクルをまわせそうな気がします。

そうですね。もっとシンプルで一般的な枠組みでいえば、
「行動と学習のサイクル」ともいえます。とりあえず行動してみて、

そこから学習し、問いを持ってまた行動する。

春代

それなら、いわゆる勉強だけでなく、仕事はもちろん、
スポーツでもなんでも当てはまりますね。

とにかく止まらずに、行動と学習のサイクルをまわし続ければ、
人は必ず成長していきます。3ステップ記憶勉強術が、
その入り口になればうれしいですね。ぜひ、実践し続けてください。

まずは、今日まで学んだことを思い出し、問いに変え、
ざっくり読んでくり返していきます。ありがとうございました！

解説

さらなる学習・成長へ

３ステップ記憶勉強術の土台となっているのは、私が速読の実践体験から生み出した勉強法であり、速読法である「高速大量回転法」です。

これは、とにかく速く読み（高速）、大量にくり返すことで、効率的・効果的に試験勉強・読書を行なう方法です。

➡コラム❶奇跡の相乗効果をもたらす高速大量回転法とは？

脳の学習原理の基本は、「大雑把にとらえる」「くり返す」。高速大量回転法は、この原理にそった「脳にやさしい」方法ですが、本書では「記憶」を活用することを軸に据え、試験勉強において重要な「思い出す」「問いに変える」「ざっくり読む」という３つの行動を明確に表に出す形でまとめました。

ただし、会話のなかで語られているように、３ステップ記憶勉強術は試験勉強に留ま

まわし続ける
なかに
成長は起こる
My Mug

るものではありません。これを実践するなかでその根底に流れている考え、高速大量回転法を身に付けることにもなり、これはあなたの脳の学習能力を最大限に発揮させることになります。

仕事の上達にしても、人間としての成長にしても、それは身体も含めた脳が勉強・学習していくことにほかなりません。

試験勉強から読書、仕事、人生全般に広げれば、私たちが体験するすべての経験がインプットとなり、私たちのすべての思考・行動がアウトプットになります。われわれの勉強ならぬ**学習を最大化するためには、この行動と学習、アウトプットとインプットのサイクルをまわし続けることです。**

なかには、そのサイクルが止まっている人がいるかもしれません。これまであまりまわしたことがない人もいるかもしれません。

しかし、大事なことはいま、これからです。そしてそれはいますぐ、はじめられるのです。あなたは、３ステップ記憶勉強術をいつはじめますか？

おわりに

あなたの「記憶」を使って勉強する3ステップ記憶勉強術、いかがでしたか？

「え？　こんなに自由でいいの？」

「え？　こんなにラクしていいの？」

問題集やテキストに合わせるのではなく、あなたが持っている「記憶」の都合で勉強していいことに、最初は戸惑われたかもしれません。それは無理もありません。

私たちは小学校以来、授業や先生のペースに合わせることを強いられてきたからです。

確かにまだ持っている知識も経験も少ないときは、それがベストだったかもしれません。集団で学ぶときには、それが効率的だったかもしれません。

しかし、いまのあなたは、たくさんの知識や経験などの「記憶」を持っています。これを活用しない手はありませんし、これを無視しては、効果的な勉強は行なえません。

なぜなら、勉強とは問題集やテキストからあなたへの「一方通行のダウンロード」ではなく、「双方向の協働作業（コラボレーション）」だからです。

あなたが持っている記憶を「思い出し」、それを使って「問いに変え」、それに引っかかるところを「ざっくり読む」ことで、このコラボレーションはより活発になっていきます。すなわち、勉強が進んでいくのです。

雪の玉を転がせば、そこに新たな雪がくっついて、最初は小さな雪の玉もだんだんと、そしてみるみるうちに大きくなっていきます。

この雪の玉のように、あなたの持っている「記憶」を問題集やテキストの上を転がしていきましょう。3ステップをくり返せばくり返すほど、あなたの「記憶」に新たな「記憶」が加わり、それがさらなる新たな「記憶」を加えていくのです。

いますぐ、ほんの少しでもいいので3ステップをはじめてください。軽やかに、大量に3ステップをくり返していけば、あなたが驚くほど勉強が進んでいくでしょう。

3ステップ記憶勉強術が、あなたの勉強を劇的に好転させることを願っています。

最後になりましたが、読者の方が実践しやすいよう、粘り強く本書を編集していただいた実務教育出版の堀井太郎さんに御礼申し上げます。

２０１５年　春

宇都出雅巳

本書で解説した過去問・テキストでの個別指導を再現！

どんなふうに思い出し、問いに変え、
ざっくり読み、書き込んでいくのか？
どのように目次項目をイメージ記憶し、
本の「形」の記憶を活用するのか？

実際の過去問・テキストで実演解説する！

3 ステップ記憶勉強術
実演解説動画

それだけでなく……

『なるほど！　合格勉強術』
50 の言葉とそのショート解説音声

（『なるほど！　合格勉強術』の読者プレゼントと同じものです）

をプレゼント

本書と合わせてご活用ください。

（注意事項：プレゼントの受け取りにはメールアドレスの登録が必要です。解説音声および解説動画は動画共有サイトを通して提供するものであり、CD や DVD を発送するものではありません。プレゼント内容は予告なく変更・終了となる場合があります）

http://www.utsude.com/3step/

読者プレゼント
動画と音声で3ステップを加速しよう！
プレゼントの受け取りはここにアクセス！

宇都出雅巳（うつで　まさみ）

大学時代から速読法、記憶法を学び始め、システムアナリスト試験やビジネススクール留学のための TOEFL・GMAT®試験などの試験勉強で実践検証する。2002 年には 1 か月で CFP®（フィナンシャルプランナー）試験に、2010 年には 2 か月で行政書士試験にそれぞれ一発合格。その試験勉強の模様をそれぞれ、メルマガとブログで実況中継し話題を呼んだ。

2007 年に出版した『速読勉強術』（すばる舎、PHP 研究所より文庫化）では、速読実践のなかで気づいた「くり返せば速く読める」という事実に着目し、本当に使える速読法として「高速大量回転法」を発表。5 万部を超えるベストセラーとなり、多くの実践者・合格者を生み出す。

行政書士試験合格後の 2011 年に出版した『合格（ウカ）る技術』（すばる舎）では、高速大量回転法に加え、記憶術を活用した独自の「テキストまるごと記憶法」を発表。択一式から記述式・論述式まですべての試験をカバーした試験勉強法の決定版として幅広い受験生の支持を集めている。

この勉強法を実践して合格した人の試験を挙げると……司法試験をはじめ、公認会計士、税理士、社会保険労務士、行政書士、弁理士、CFP®、IT ストラテジスト、第三種電気主任技術者、1 級建築施工管理技士、保育士、東大大学院、早稲田大学など多岐にわたる。

行政書士試験の試験勉強記録ブログとして 2010 年にスタートした「だれでもできる！　速読勉強術」（http://ameblo.jp/kosoku-tairyokaiten-ho/）は日々、読者とのコメントのやりとりが行われ、総記事数も 1600 を超え（2015 年 3 月現在)、月間約 10 万 PV のアクセスがある。

幼少期から苦しんだ「吃音（どもり）」を克服するために、高校時代から心理技法を学び、メンタル面にも造詣が深い。2002 年に NLP（神経言語プログラミング）マスタープラクティショナー、2005 年に CPCC（プロフェッショナル・コーアクティブ・コーチ）資格取得。コーチ養成機関 CTI ジャパンリーダーとして延べ 2000 人以上のトレーニングを行った。現在もさまざまな課題・悩みを抱える個人をクライアントとして、日々コーチングを行っている。

1967 年、京都府生まれ。東京大学経済学部卒業。経済出版社、コンサルティング会社勤務後、ニューヨーク大学スターンスクール留学（MBA)。外資系銀行を経て、2002 年に独立。高確率セールストレーナー、CTI ジャパンリーダーを務めた。現在は、信頼 (トラスト) と尊敬 (リスペクト) をベースにした組織・社会の実現をめざすトレスペクト経営教育研究所代表。試験勉強に関するセミナー・個別指導を行うほか、個人に対するコーチングや聴き方・読み方をベースにした企業研修を行っている。

著書は、上記のほか、『なるほど！　合格勉強術』（実務教育出版)、『合格（ウカ）る思考』（すばる舎リンケージ)、『どんな本でも大量に読める「速読」の本』（大和書房)、『スピード読書術』(東洋経済新報社)、『英語は「速く何度も」繰り返せ！』（日本実業出版社)、『絶妙な「聞き方」』（PHP 研究所）ほか多数。
訳書に『売り込まなくても売れる！　実践編』（フォレスト出版)、『コーチング・バイブル　第 3 版』（東洋経済新報社　共訳）がある。

ホームページ：http://www.utsude.com/
ブログ：「だれでもできる！　速読勉強術」
http://ameblo.jp/kosoku-tairyokaiten-ho/
情報サイト・All About 記憶術ガイド：http://allabout.co.jp/gm/gp/1132/

暗記が苦手な人の
3ステップ 記憶勉強術

2015年 6月10日　初版第1刷発行

著　者　宇都出雅巳

発行者　池澤徹也
発行所　株式会社 実務教育出版
163-8671　東京都新宿区新宿 1-1-12
電話　03-3355-1812（編集）　03-3355-1951（販売）
振替　00160-0-78270

印刷／精興社　　製本／東京美術紙工

ISBN978-4-7889-1096-6　C0030